L'EXÉGÈSE DE L'ÂME

BIBLIOTHÈQUE COPTE DE NAG HAMMADI

Collection éditée par

JACQUES É. MÉNARD — PAUL-HUBERT POIRIER
MICHEL ROBERGE

En collaboration avec

BERNARD BARC — PAUL CLAUDE
JEAN-PIERRE MAHÉ — LOUIS PAINCHAUD
ANNE PASQUIER

Section « Textes »

1. – *La Lettre de Pierre à Philippe*, Jacques É. MÉNARD, 1977.

2. – *L'Authentikos Logos*, Jacques É. MÉNARD, 1977.

3. – *Hermès en Haute-Égypte* (t. I), Les textes hermétiques de Nag Hammadi et leurs parallèles grecs et latins, Jean-Pierre MAHÉ, 1978.

4. – *La Prôtennoia Trimorphe*, Yvonne JANSSENS, 1978.

5. – *L'Hypostase des Archontes*, Traité gnostique sur l'origine de l'Homme, du Monde et des Archontes, Bernard BARC, suivi de *Noréa*, Michel ROBERGE, 1980.

6. – *Le Deuxième Traité du Grand Seth*, Louis PAINCHAUD, 1982.

7. – *Hermès en Haute-Égypte* (t. II), Le fragment du *Discours parfait* et les *Définitions* hermétiques arméniennes, Jean-Pierre MAHÉ, 1982.

8. – *Les Trois Stèles de Seth*, Hymne gnostique à la Triade, Paul CLAUDE, 1983.

9. – *L'Exégèse de l'Âme*, Jean-Marie SEVRIN, 1983.

Section « Études »

1. – *Colloque international sur les textes de Nag Hammadi* (Québec, 22-25 août 1978), Bernard BARC, éditeur, 1981.

BIBLIOTHÈQUE COPTE DE NAG HAMMADI

SECTION «TEXTES»

— 9 —

L'EXÉGÈSE DE L'ÂME

(NH II, 6)

TEXTE ÉTABLI ET PRÉSENTÉ

PAR

Jean-Marie SEVRIN

LES PRESSES
DE L'UNIVERSITÉ LAVAL
QUÉBEC, CANADA
1983

Cet ouvrage a été publié grâce à une subvention du Conseil de recherches en sciences humaines du Canada, accordée dans le cadre de son programme d'aide aux grands travaux d'édition.

BT
1390
.E914
1983

LISTE DES ABRÉVIATIONS

AcTh   = *Actes de Thomas*
BCNH   = *Bibliothèque copte de Nag Hammadi*
FRLANT = *Forschungen zur Religion und Literatur des alten und neuen Testaments*
NH   = *Nag Hammadi*
NHS   = *Nag Hammadi Studies*
Nov T   = *Novum Testamentum*
OLZ   = *Orientalistische Literaturzeitung*
OrLovPer = *Orientalia Lovaniensia Periodica*
RHR   = *Revue de l'histoire des religions*
SC   = *Sources chrétiennes*
TLZ   = *Theologische Literaturzeitung*
TWNT   = *Theologisches Wörterbuch zum Neuen Testament*

Les abréviations des titres des différents traités de Nag Hammadi sont celles de la collection *BCNH* et les sigles des livres bibliques sont ceux de la *Bible de Jérusalem*.

BIBLIOGRAPHIE

AUBIN (P.), *Le problème de la conversion. Étude sur un thème commun à l'hellénisme et au christianisme des trois premiers siècles* (*Théologie historique*, 1), Paris, 1962.

ARAI (S.), « Simonianische Gnosis und die "Exegese über die Seele" », dans M. KRAUSE (éd.), *Gnosis and Gnosticism* (*NHS*, 8), Leyde, 1977, p. 185-203.

BETHGE (H.), « "Die Exegese über die Seele". Die sechste Schrift aus Nag-Hammadi-Codex II. Eingeleitet und übersetzt vom Berliner Arbeitskreis für koptisch-gnostische Schriften », *TLZ* 10 (1976) 93-104.

BROWNE (G. M.), « Textual Notes on the Exegesis on the Soul », *Bulletin of the American Society of Papyrologists* 12 (1975) 1-8.

DEHANDSCHUTTER (B.), « L'Apocryphe d'Ézéchiel, source de l'Exégèse sur l'âme? », *OrLovPer* 10 (1979) 227-235.

The Facsimile Edition of the Nag Hammadi Codices, Codex II, Leyde, 1974, p. 139-149.

FESTUGIÈRE (A.J.), *La Révélation d'Hermès Trismégiste* (*EB*), III : *Les doctrines de l'âme*, Paris, 1953.

FISCHER (K.M.), *Tendenz und Absicht des Epheserbriefes* (*FRLANT*, 111), Berlin, 1973.

GUILLAUMONT (A.), « Une citation de l'Apocryphe d'Ézéchiel dans l'Exégèse au sujet de l'âme », dans M. KRAUSE (éd.), *Essays on the Nag Hammadi Texts in Honour of Pahor Labib* (*NHS*, 6), Leyde, 1975, p. 35-39.

JONAS (H.), *Gnosis und spätantiker Geist*, Göttingen, 1954.

—, *La religion gnostique*, Paris, 1978.

KASSER (R.), « Citations des grands prophètes bibliques dans les textes gnostiques coptes », dans M. KRAUSE (éd.), *Essays on the Nag Hammadi Texts in Honour of Pahor Labib* (*NHS*, 6), Leyde, 1975, p. 56-64.

KRAUSE (M.), « Aussagen über das Alte Testament in z. T. bisher unveröffentlichten Texten aus Nag Hammadi », dans *Ex orbe religionum. Studia Geo Widengren. Pars Prior* (*Suppl. to Numen*, 21), Leyde, 1972, p. 449-456.

—, « Die Sakramente in der "Exegese über die Seele" », dans J.-É. MÉNARD (éd.), *Les textes de Nag Hammadi* (*NHS*, 7), Leyde, 1975, p. 47-55 [repris dans *Proceedings of the XIIth International Congress of the International Association for the History of Religions*, Stockholm, 1970 (*Suppl. to Numen*, 31), Leyde, 1975, p. 179-188].

KRAUSE (M.), LABIB (P.), *Gnostische und hermetische Schriften aus Codex II und Codex VI* (*Abhandlungen des Deutschen Archäologischen Instituts Kairo, Koptische Reihe*, 2), Glückstadt, 1971.

KERENYI (K.), *Die griechisch-orientalische Romanliteratur in religionsgeschichtliche Beleuchtung*, Darmstadt, 1962².

LAYTON (B.), « Editorial Notes on the "Expository Treatise Concerning the Soul" (Tractate II 6 from Nag Hammadi) », *Bulletin of the American Society of Papyrologists* 14 (1977) 65-73.

—, « The Soul as a Dirty Garment (Nag Hammadi Codex II, tractate 6, 131, 27-31) », *Le Muséon* 91 (1978) 155-169.

MÉNARD (J.-É.), « L'"Évangile selon Philippe" et l'"Exégèse de l'âme" », dans J.-É. MÉNARD (éd.), *Les textes de Nag Hammadi* (*NHS*, 7), Leyde, 1975, p. 56-67.

NAGEL (P.), « Die Septuaginta Zitate in der koptisch-gnostischen "Exegese über die Seele" (Nag Hammadi Codex II) », *Archiv für Papyrusforschung* 22-23 (1974) 249-269.

PHILONENKO (M.), *Joseph et Aséneth*, Leyde, 1968.

ROBINSON (J.M.) (éd.), *The Nag Hammadi Library in English*, Leyde, 1977.

ROBINSON (W.C.) jr., « The Exegesis on the Soul », *Nov T* 12 (1970) 102-117.

ROUSSEAU (A.), DOUTRELEAU (L.), *Irénée de Lyon. Contre les hérésies. Livre I* (*SC*, 263-264), Paris, 1979.

SAGNARD (F.-M.), *Clément d'Alexandrie. Extraits de Théodote* (*SC*, 23), Paris, 1948.

SCHENKE (H.M.), « Sprachliche und exegetische Probleme in den beiden letzten Schriften des Codex II von Nag Hammadi », *OLZ* 70 (1975) 5-13.

SCOPELLO (M.), *L'Esegesi dell'Anima (Nag Hammadi II,6) : introduzione, traduzione, note*, Turin, Università degli Studi, 1976 (inédit).

—, « Les citations d'Homère dans le traité de "L'Exégèse de l'âme" », dans M. KRAUSE (éd.), *Gnosis and Gnosticism* (*NHS*, 8), Leyde, 1977, p. 3-13.

—, « Les "Testimonia" dans le traité de "L'Exégèse de l'âme" (Nag Hammadi II,6) », *RHR* 191-192 (1977) 159-171.

SEVRIN (J.-M.), « Les noces spirituelles dans l'Évangile selon Philippe », *Le Muséon* 87 (1974) 143-193.

—, « La rédaction de l'Exégèse de l'âme (Nag Hammadi II,6) », *Le Muséon* 92 (1979) 237-271.

TRÖGER (K.W.), *Gnosis und Neues Testament*, Berlin, 1973.

WILSON (R.McL.), « Old Testament Exegesis in the Gnostic "Exegesis on the Soul" », dans M. KRAUSE (éd.), *Essays on the Nag Hammadi Texts in Honour of Pahor Labib* (*NHS*, 6), Leyde, 1975, p. 217-224.

WISSE (F.), « On Exegeting "The Exegesis on the Soul" », dans J.-É. MÉNARD (éd.), *Les textes de Nag Hammadi* (*NHS*, 7), Leyde, 1975, p. 68-81.

INTRODUCTION

L'*Exégèse de l'âme* (ExAm) n'a pas connu d'abord la fortune de ses voisins du cod. II de Nag Hammadi. La raison en semble contingente : comme ThAthl, elle manquait à l'édition photographique de 1958, où figuraient ApocrJn (dans la version du cod. II), EvTh, EvPh, HypArch et EcrsT. Mais est-ce pur hasard si cet écrit qui ne se voulait point révélation secrète est ainsi demeuré caché, et pour dix ans encore? Il n'en impose pas par le volume, puisqu'il couvre moins d'une vingtaine de pages, dont plusieurs ne sont que citations; son titre en outre est modeste : l'œuvre ne revendique pas un auteur apostolique ou mythique, et ne se présente pas comme un évangile, une apocalypse ou un livre sacré. Bien que le titre d'*Exégèse* en effet puisse connoter une idée d'enseignement ou de révélation, les lecteurs modernes seraient plutôt tentés de comprendre le mot comme ils l'utilisent eux-mêmes pour désigner un commentaire et une explication de texte; et comme les citations scripturaires y sont nombreuses, cette *Exégèse* anonyme pouvait ne pas apparaître comme très originale. Au demeurant, dépourvue de spéculation ésotérique et de constructions mythiques élaborées, il n'était pas évident qu'elle fût bien gnostique. Ouvrage de second rang, aurait-on pu croire.

Cela explique sans doute qu'il fallut attendre l'édition du cod. VI et des écrits restants du cod. II par M. Krause[1] en 1971 pour en avoir le texte et une première traduction allemande. Dès l'année précédente, un article de W. C. Robinson jr. attirait l'attention sur ce texte, sur son archéologie possible, et sur le fait qu'on pouvait y trouver une forme élémentaire — et donc sans doute primitive — d'un mythe de chute et de retour. Dès lors qu'il apparaissait comme archaïque, au moins dans son noyau, le texte prenait de l'intérêt : les articles se sont multipliés dans les années suivantes.

---

[1] M. KRAUSE-P. LABIB, *Gnostiche und hermetische Schriften aus Codex II und Codex VI* (*Abhandlungen des Deutschen Archäologischen Instituts Kairo*, Koptische Reihe 2), Glückstadt, 1971, p. 68-87. Edition en facsimile : *The Facsimile Edition of the Nag Hammadi Codices, Codex II*, Leyde, 1974, p. 139-149. Une autre traduction allemande a été publiée par le *Berliner Arbeitskreis* : Hedda BETHGE, «*Die Exegese über die Seele*», *TLZ* 101 (1976) 93-104; traduction anglaise : W. C. ROBINSON jr, dans J. M. ROBINSON (éd.), *The Nag Hammadi Library in English*, Leyde, 1977, p. 180-187.

A ce jour cependant, si l'on excepte une thèse présentée à Turin par Madeleine Scopello et demeurée inédite[2], aucune étude d'ensemble n'a paru sur l'ExAm. Le présent travail aurait, dans de telles conditions, mauvaise grâce à se vouloir définitif : outre que j'ai voulu y rassembler le fruit des quelques études déjà parues çà et là, j'ai cherché surtout, dans l'introduction comme dans le commentaire, à saisir autant que possible l'ExAm dans sa cohérence littéraire et doctrinale, c'est-à-dire à rester le plus possible dans le texte. Pour pertinentes en effet que puissent être ces comparaisons d'ensemble ou de détail auxquelles se plaisent les historiens des religions, elles n'en constituent pas moins cependant une démarche secondaire dans la compréhension : ne se compare que ce qui est déjà compris, consistant en soi. C'est donc par choix délibéré que j'ai préféré une explication du texte qui ne privilégie pas l'appareil érudit, mais s'attache plutôt au mouvement de l'écriture, aux harmonies et aux divergences qu'elle met en œuvre, à l'univers mental et à la perception de l'existence qu'elle implique : «Scriptura scripturae interpres».

Après quoi — mais vient-on jamais à bout de ce qui fait un texte? — il demeure possible de pousser plus loin, en reprenant, corrigeant ou précisant les hypothèses qui cherchent à replacer ce texte dans un milieu historique, à dresser le bilan de son rapport au passé, à mettre en évidence les germes de développements ultérieurs. L'ExAm malgré une simplicité apparente qui, dans une collection gnostique pourrait presque passer pour de la candeur, offrira longtemps encore à ces travaux une abondante matière.

I. LA RÉDACTION

L'ExAm, dès la première présentation qui en fut faite, avait été caractérisée par J. Doresse comme un texte largement interpolé de citations, scripturaires ou autres[3]. Sans doute, parler d'interpolations n'est point soutenable car l'unité de l'écrit en son état actuel s'impose à l'évidence, mais cela témoigne cependant des questions que pose un

---

[2] Maddalena SCOPELLO, *L'Esegesi dell'Anima (Nag Hammadi II, 6) : introduzione, traduzione, note*, Turin, Università degli Studi, 1976. Je remercie Mme Scopello de m'avoir laissé consulter ce travail, alors qu'elle prépare elle-même une édition commentée de l'ExAm pour les *Nag Hammadi Studies*.

[3] J. DORESSE, *Les livres sacrés des gnostiques d'Egypte*, Paris, 1958, t. 1, p. 208 : «des gloses et des références assez éclectiques ont été insérées dans l'ouvrage par le compilateur du manuscrit».

texte où les citations, souvent groupées, abondent sans paraître parfaitement intégrées à la trame rédactionnelle de l'ensemble. La plupart
des études parues sur l'ExAm ont dû se prononcer sur les sources
et sur la rédaction de cet écrit. W.C. Robinson jr, dans le premier
article paru ce texte[4], entreprit de montrer qu'il se compose de plusieurs
couches successives, et de les retrouver : le noyau primitif se composerait
d'un récit de la chute et du salut de l'âme et peut-être de la première
partie de la section parénétique, le tout débarrassé des citations ; à cela
seraient venues s'ajouter d'une part les citations, soit isolées, soit
groupées dans un dossier exégétique, et d'autre part la seconde partie
de la parénèse. Ces adjonctions au noyau primitif, qui en modifient
l'intention, peuvent n'être pas de la main d'un rédacteur unique. La
présentation succincte de l'ExAm donnée par le *Berliner Arbeitskreis*[5]
témoigne d'une démarche analogue quoiqu'indépendante, mais demeure
toutefois prudente dans ses conclusions. Il y aurait dans notre texte
quatre stades : une couche primitive constituée par le récit du mythe
de l'âme[6] ; les citations vétérotestamentaires ; les quelques citations
néotestamentaires ; l'appel à la pénitence, qui est l'objet de la section
parénétique, mais affecte la rédaction de l'écrit tout entier. Ces quatre
stades pourraient représenter des étapes rédactionnelles successives,
mais plus vraisemblablement les divers éléments combinés par un
rédacteur unique.

Dans ces deux analyses, un mythe de l'âme existe sous-jacent à l'écrit
actuel et il peut, par l'analyse littéraire, être dégagé de ses chris-
tianisations ultérieures. D'autres auteurs ont réagi contre pareille
démarche et expliquent le texte à partir de son unité, tenant pour vain
ou hypothétique le recours à des sources écrites antérieures : l'auteur
de notre *Exégèse* aurait poursuivi de front deux objectifs, à savoir
illustrer et étayer de citations un mythe gnostique de l'âme, en même
temps qu'inviter à la pénitence. Tel est l'avis de M. Krause, de
R. McL. Wilson et de Hedda Bethge[7] ; F. Wisse va plus loin, en

---

[4] W.C. ROBINSON jr., «The Exegesis on the Soul», *Nov T* 12 (1970) 102-117.

[5] «Die Bedeutung der Texte von Nag Hammadi für die moderne Gnosisforschung»,
dans K.W. TRÖGER, *Gnosis und Neues Testament*, Berlin, 1973, p. 36-39.

[6] K.M. FISCHER, *Tendez und Absicht des Epheserbriefes*, (FRLANT, 111), Berlin,
1973, p. 186-189, dans un développement proche de la notice contenue dans K.W.
TRÖGER, *Gnosis und Neues Testament*, présente ce mythe de l'âme comme une forme
très ancienne du mythe gnostique de la *Sophia salvanda*.

[7] M. KRAUSE, «Die Sakramente in der Exegese über die Seele», dans J.É. MÉNARD,
(éd.), *Les textes de Nag Hammadi* (*NHS*, 7), Leyde, 1975, p. 47-55; R.McL. WILSON,
«Old Testament Exegesis in the Gnostic "Exegesis on the Soul"», dans M. KRAUSE,

cessant de considérer la section narrative comme une unité, et en faisant dépendre tout le déroulement du texte presque du seul thème principal, qui est la pénitence[8].

Le problème, on le voit, est de savoir si l'on peut ou non déceler plusieurs étapes successives dans la rédaction de l'ExAm, et plus précisément si l'on peut atteindre un premier noyau, ayant existé à l'état de source écrite et constitué par un récit du mythe de la chute et du retour de l'âme. Ceux qui prétendent remonter au-delà du texte actuel arguent que les citations introduites dépendent du récit, mais que le récit ne dépend aucunement d'elles ; et que d'ailleurs, les transitions étant abruptes, les citations se laissent aisément retrancher. Ceux qui ne pensent pas devoir aller plus loin qu'une rédaction unique soutiennent au contraire que le récit dépend des citations pour son contenu, et peut-être même en certains cas pour sa formulation : récit et citations ne se peuvent séparer. Faut-il se ranger au consensus qui se dessine autour de cette seconde position ? Il importe, avant d'opter pour une théorie, de procéder à l'inventaire des faits qui demandent explication.

La première partie du texte — plus des deux tiers — est narrative ; puis, en 135, 2, le récit terminé le cède brusquement, pour les trois dernières pages, à l'exhortation. L'une et l'autre de ces parties contiennent des citations du Nouveau et de l'Ancien Testament, dont une apocryphe ; s'y ajoutent deux citations homériques dans la parénèse finale. Ces diverses citations ne sont pas également réparties : les deux premières pages (127,19 - 129,5), qui relatent la chute et les malheurs de l'âme jusqu'à sa conversion, n'en contiennent pas mais sont suivies d'une sorte de long florilège (129,5 - 131,13) composé de textes prophétiques, d'une évocation de l'enseignement des apôtres et de quelques transitions exégétiques, le tout sur le thème de la prostitution de l'âme ; la seconde partie du récit et sa conclusion s'entremêlent de citations prises dans la Genèse, les Psaumes et l'Évangile de Jean, illustrant les noces de l'âme et la miséricorde du Père (131,13 - 135,5)[9]. Quant à la parénèse finale, elle est dans une très large mesure tissée de citations.

Essays on the Nag Hammadi Texts (NHS, 6), Leyde, 1975, p. 217-224 ; Hedda BETHGE, «Die Exegese über die Seele», c. 95.

[8] F. WISSE, «On Exegeting the Exegesis on the Soul», dans J. É. MÉNARD (éd.), Les textes de Nag Hammadi (NHS, 6), Leyde, 1975, p. 68-81, p. 80-81.

[9] Cependant, si l'on considère les dernières lignes de cette section, qui affirment la gratuité du salut, avec, à l'appui, une citation de Jn 6, 44 (134,29-135,5), comme une introduction à la section parénétique, il faut situer la fin du récit mythique en 134,29.

Cette répartition inégale des citations dans le récit d'une part, dans la parénèse d'autre part, nous autorise à examiner tour à tour, en nous attachant à leurs relations réciproques, les trois éléments qu'intègre notre écrit : le dossier scripturaire, l'exhortation à la pénitence et le mythe de l'âme.

1. Le dossier scripturaire

Les citations

On ne retiendra, pour le dossier scripturaire que les *auctoritates* introduites explicitement par l'auteur[10], et non les simples réminiscences ou les tournures de langage biblique, où la volonté de citer n'est pas évidente.

Pour l'Ancien Testament, les plus longs passages cités viennent des grands prophètes (Jérémie, Osée en Ézéchiel cités dans un même florilège[11] ; Isaïe[12] et des Psaumes[13] ; il y faut ajouter trois passages de la Genèse, fort brefs puisque les deux premiers comptent moins d'une ligne et le troisième guère plus de deux[14], et un extrait d'un apocryphe d'Ézéchiel, que nous connaissons par une citation en 1 Clem 8, 3, sans pouvoir dire avec certitude d'où notre auteur le tient[15]. L'Exode est évoqué clairement, mais non cité textuellement[16].

Les attestations néotestamentaires sont beaucoup moins longues et moins nombreuses : deux extraits pauliniens, tirés de la première aux Corinthiens et d'Éphésiens[17] ; une phrase de l'Évangile de Jean[18], une de l'Évangile de Luc[19] et deux béatitudes de l'Évangile de Matthieu[20] ; il est en outre deux fois fait référence à la prédication ou à l'activité

---

[10] Il peut exister en outre d'autres allusions ou réminiscences bibliques, peu nombreuses et sujettes à discussion, comme en 136,23-24 «car Dieu sonde les reins et examine le fond du cœur» (cf. Ps 7, 10 ; Jr 11, 20 ; 17, 10 ; Apoc 2, 23) : bien qu'employée comme argument, la réminiscence est vague et lointaine, peu significative.

[11] Jr 3, 1-4 (129, 8-22) ; Os 2, 4-9 (129, 23-130, 11) ; Ez 16, 23-26a (130, 11-20).

[12] Is 30, 15.19-20 (136,4-8.9-15).

[13] Ps 44, 11-12 (133,16-20) ; Ps 102,1-5 (134,16-25) ; Ps 6,7-10a (137,16-22).

[14] Gn 2, 24b (133,3) ; 3, 16b (133,9-10, citation très libre, plutôt paraphrase et qui se rapproche de l'utilisation paulinienne du thème en 1 Co 11,3 et Ep 5,23) ; 12,1b (133,29-31).

[15] 135,31-136,4.

[16] 137,11-15.

[17] 1 Co 5,9-10 (131,3-8) ; Ep 6, 12 (131,9-13).

[18] Jn 6, 44 (135,1-4).

[19] Lc 14, 26 (135,19-21), cité assez librement.

[20] Mt 5, 4.6 (135,16-19).

littéraire des «apôtres du Sauveur», sans que l'on puisse préciser autrement quels textes sont visés[21]. Ajoutons une référence à Jean-Baptiste prêchant le baptême de repentir[22], qui n'est pas directement une citation mais joue un rôle analogue d'attestation et est, comme nombre de passages scripturaires, introduite par un «c'est pourquoi» (ⲆⲒⲀ ⲦⲞⲨⲦⲞ).

En général, le texte allégué est reproduit de façon scrupuleuse, excluant le plus souvent la citation de mémoire[23]. Il n'en va pourtant pas ainsi des deux citations homériques: si la seconde peut passer pour une traduction fort libre, la première tient franchement de la paraphrase; l'une et l'autre portent dans leur formulation la marque des préoccupations dont témoigne la section parénétique du texte. Le Poète est donc traité avec moins de respect que les prophètes, non sans doute quant à l'autorité qu'on lui donne, mais quant à l'exactitude avec laquelle on le cite: l'information pourrait être ici moins directe.

L'introduction des citations

Les citations sont généralement précédées d'une clausule d'introduction qui les identifie et les articule au contexte. Les prophètes sont cités nommément[24] ou simplement comme «le Prophète»[25], titre qui paraît bien s'appliquer à tous les auteurs vétérotestamentaires[26]. Le livre lui-même ne se trouve désigné que dans le cas des Psaumes[27]. Pour le Nouveau Testament, l'auteur attribue au «Sauveur» les paroles évangéliques[28], il invoque les «apôtres», «les apôtres du Sauveur»[29], sans pourtant alléguer de texte précis, mais ne donne d'autre titre que son nom à Paul dont il identifie l'Épître aux Corinthiens, citant à sa

---

[21] 130,28-35.

[22] 135,22-24.

[23] C'est le cas pour toutes les citations d'une certaine longueur, surtout celles des prophètes. Cela est moins évident pour les citations brèves; trois au moins ne sont d'ailleurs que des à-peu-près (Gn 3,16b; Mt 5,4.6; Lc 14,26).

[24] ⲒⲈⲢⲎⲘⲒⲀⲤ ⲠⲈⲠⲢⲞⲫⲎⲦⲎⲤ (229,8); ⲰⲤⲎⲈ ⲠⲈⲠⲢⲞⲫⲎⲦⲎⲤ (129,22-23); ⲈⲌⲈⲔⲒⲎⲖ (130,11). Les trois sont cités dans le même groupement de citations.

[25] ϨⲒⲦⲘ̅ ⲠⲈⲠⲚⲀ̄ ⲘⲠⲈⲠⲢⲞⲫ[ⲎⲦ]Ⲏ̣ⲥ (135,30-31), introduisant le Pseudo-Ézéchiel (1Clem 8,3) et Is 30,15.19-20.

[26] ⲠⲈⲠⲢⲞⲫⲎⲦⲎⲤ introduisant Gn 2,24b (133,1), Ps 44,11-12 (133,16), Ps 102, 1-5 (134,16).

[27] ⲠⲈⲬⲀϤ ⲬⲈ Ⲛ̄ϬⲒ ⲠⲈⲠⲢⲞⲫⲎⲦⲎⲤ ϨⲚ̄ ⲚⲘⲮⲀⲖⲘⲞⲤ (133,16-17); ϤⲤⲎϨ ϨⲚ̄ ⲘⲮⲀⲖⲘⲞⲤ (137,15).

[28] [ϤⲀ]ⲱ̣ⲔⲀⲔ ⲈⲂⲞⲖ Ⲛ̄ϬⲒ ⲠⲤⲰⲦⲎⲢ (134,35); ⲠⲈⲬⲀϤ Ⲛ̄ϬⲒ ⲠⲤⲰⲦⲎⲢ (135,16).

[29] ⲚⲀⲠⲞⲤⲦⲞⲖⲞⲤ ⲘⲠⲤⲰⲦⲎⲢ (130,28-29); Ⲛ̄ⲀⲠⲞⲤⲦⲞⲖⲞⲤ (130,33).

suite et presque sans l'introduire un passage de celles aux Éphésiens [30].
Quant à Homère, c'est classiquement «le Poète» [31].

Les clausules d'introduction commencent pour la plupart et de façon
fort normale par une expression qui marque le rapport au contexte
immédiat : «c'est pourquoi» [32], «ainsi que», «c'est ainsi que encore» [33],
«car, en effet» (dans une moindre mesure) [34], «de nouveau» [35].

Les sept occurrences de l'expression «c'est pourquoi» indiquent que
l'auteur ne vise pas à strictement parler à justifier une assertion du texte
par la Bible, mais plutôt à montrer que la Bible contient déjà cette
doctrine de façon enveloppée et pour autant qu'on l'interprète bien.
Citer un lieu (ма) biblique, c'est donc en fournir l'exégèse à partir de
la doctrine exposée dans le texte et montrer sa concordance avec
cette doctrine : c'est prouver, si l'on veut, mais au sens d'argumenter
pour convaincre plutôt qu'au sens d'établir les fondements d'une pensée ;
c'est prouver *a posteriori*. Les clausules d'introduction induisent donc
déjà l'idée que les attestations illustrent la démarche sans l'infléchir.

Quant à l'expression «de nouveau» (πλλιν, 8 fois), elle met les citations en série les unes avec les autres et se retrouve donc surtout dans
des blocs d'attestations, n'apparaissant que dans le florilège qui interrompt le récit aux p. 129-131, et dans la section parénétique aux
p. 134-135. Dans le corps du récit on ne rencontre point le πλλιν,
mais une fois son équivalent copte (οn) qui lie la citation du Ps 44
(133, 16-20) à celle de Gn 12, 1 (133, 26-31). Ceci nous mène à considérer
les groupements de citations.

Les groupements de citations

Le florilège sur la prostitution de l'âme (129,5-131,11) ne se laisse
pas réduire à un simple alignement de textes. C'est proprement une
composition exégétique dans laquelle s'articulent textes et commentaires.
On peut ainsi le décomposer :

  a. Un titre général, introduisant les textes prophétiques (dont l'au-

---

[30] πλγλος εϥсϩλï n̄ϭkоρι⟨n⟩ѳiос пεχλϥ (131,2-3).

[31] ϥсϩϩ ϩм̄ ποιнтнс (136,27-28).

[32] λιλ τογτο : 131,2; 134,15-16.34-35; 135,29-30; 136,27 et 135,22 (référence à
Jean-Baptiste, mais sans citation de texte); ετвε πλει : 133,1.

[33] κλτλ ѳε : 131,10; 133,9; τεει οn τε ѳε : 133,28.

[34] ϲλρ : 129,7 (renvoyant à la phrase d'introduction du florilège, 129,5-7 : «au sujet
de la prostitution de l'âme, l'Esprit-Saint prophétise en de nombreux endroits»); voir
aussi 136,23 ; 137,1 et κλιϲλρ 137,11. χε : 131,9.

[35] πλλιν : 129,22; 130,11; 135,15.19; 137,15. πλλιν οn : 136,4. πλλιν n̄κεмλ
136,8-9. πλλιν τκε... : 136,35.

teur véritable est l'Esprit-Saint) et les reliant au contexte antécédent, plus précisément au thème de la prostitution (129,5-7).

b. Trois citations prophétiques, assez longues, mises en série par la formule «de même» (129, 7-130, 20).

c. Un commentaire explicitant la pertinence de ces citations pour illustrer la prostitution de l'âme, par l'interprétation d'une expression d'Ézéchiel (les fils d'Égypte, «ceux des grandes chairs», sont les choses charnelles et sensibles), rapprochée quelque peu laborieusement du texte d'Osée (130, 2-28).

d. Vient ensuite une confirmation tirée d'un autre «lieu» : l'enseignement apostolique, évoqué de manière générale. La confirmation s'enchaîne à ce qui précède par un démonstratif : «Cette prostitution, les apôtres du Sauveur ont annoncé que...». La référence aux enseignements apostoliques est mélangée à un commentaire, et construite avec lui en deux parties symétriques[36] (130, 28-131, 2).

e. Ce complexe de références et de commentaire est à son tour appuyé par une citation de saint Paul, soutenue elle-même par une seconde (131, 2-13).

On peut donc résumer la composition de ce florilège par le schéma suivant :

1. Titre et trois citations prophétiques (Jr, Os, Ez).
2. Commentaire.
3. Confirmation du commentaire par d'autres références scripturaires (enseignements apostoliques, citation de 1 Co et Ep).

Un modèle analogue se retrouve dans trois autres groupes de citations au moins.

a. En 133, 15-31, une citation du Ps 44 (elle aussi attribuée au «Prophète», quoique correctement identifiée), est suivie d'un commentaire qui indique son véritable sens allégorique, et la rapporte au récit en identifiant le peuple avec les amants de l'âme, la maison du père de l'épousée avec la maison du père terreste, opposé au céleste.

---

[36] (1) a. Les apôtres du Seigneur b. ont annoncé c. que vous vous gardiez d'elle, que vous vous purifiez d'elle.

(2) a. ne parlant point de la seule prostitution du corps, b. mais plutôt de celle de l'âme.

(1) a. c'est pourquoi les apôtres b. écrivent à l'Eglise de Dieu c. afin que de telles choses ne se produisent point chez elle.

(2) b. mais le grand combat est au sujet de la prostitution de l'âme : a. c'est d'elle que la prostitution du corps vient aussi.

Cette interprétation du Psaume est ensuite confirmée par une référence à la parole adressée à Abraham en Gn 12, 1, qui n'est de toute évidence amenée là que parce qu'elle parle elle aussi de «quitter la maison du père».

b. En 135, 16-26, deux citations évangéliques, elles aussi mises en série par un πλλιν, sont expliquées comme une invitation au repentir; la mise en avant de cet aspect, qui n'est pas évident, est appuyée par une allusion à Jean-Baptiste prêchant le baptême de repentir.

c. Enfin, la parénèse se termine par une composition du même genre : deux références à Homère, jointes toujours par πλλιν sont traitées allégoriquement et ramenées, par un commentaire de six lignes, à la chute de l'âme, à son repentir et à son retour; commentaire confirmé par une allusion aux larmes d'Israël en Égypte et à l'Exode, et par une citation du Ps 6, où domine l'idée des larmes et des sanglots. La rédaction du commentaire et de l'allusion à l'Exode sont marquées, la première par le vocabulaire des citations homériques, et toutes deux par le vocabulaire de la parénèse.

d. A ces trois groupes, il convient sans doute d'ajouter 133, 1-10, où une citation de Gn 2,24 est également interprétée allégoriquement : l'union du premier homme et de la première femme signifie en fait l'union de l'âme et de son frère-époux restaurée dans le mariage spirituel; ce commentaire désigne le frère-époux comme le «bien-aimé véritable, seigneur naturel» de l'âme, avec à l'appui la citation de Gn 3, 16.

e. Hors de tels groupements d'attestations, on ne trouve qu'une série de trois citations (Pseudo-Ézéchiel et Isaïe) articulées par un double πλλιν, et deux citations isolées : celle du Ps 102, 1-5 et celle de Jn 6, 44, toutes deux dans la conclusion du récit.

Il ressort de cet examen que les citations ne sont pas insérées dans le texte comme des éléments isolés, mais sont élaborées par un rédacteur. À cet égard il n'y a point de différence entre le florilège des p. 129-131 et les autres citations qui se rencontrent dans l'écrit, non plus qu'entre les citations proprement dites et les allusions explicitement introduites à l'enseignement des apôtres, à Jean-Baptiste et à l'Exode.

Les citations et leur contexte

Il convient d'observer mieux le rapport de ces textes ou groupements de textes cités à leur contexte; il n'est pas exactement le même dans le récit et dans la parénèse.

Considérons d'abord la section narrative. Un long florilège interrompt en 129, 5 le récit qui est ensuite repris (résumé et poursuivi) en

131, 11 ss. Il commente l'ensemble de la section précédente, réduit à l'idée de ⲡⲟⲣⲛⲓⲁ. La section 133, 1-11 commente un court développement de caractère général qui exalte, en les opposant aux noces charnelles, les noces de l'âme et de son époux (132, 27-35) ; ce développement lui-même rompt le fil du récit qui reprend en 133,20, exactement au point où il avait été rompu (la reconnaissance de l'époux par l'âme) et de façon abrupte, sans autre transition qu'un ⲁⲉ. Il ne reprend que pour peu de temps, car la section 133, 15-31 vient aussitôt l'interrompre ; l'articulation ici est moins évidente : l'idée que l'âme s'orne pour plaire à son époux semble appeler la citation du Psaume qui parle de la beauté de l'épousée ; cette idée-crochet ne crée qu'un lien bien faible. Aussitôt après cette interruption, le récit reprend (133, 31), avec un rappel de 133, 14-15. La citation du Ps 102 et le commentaire qui la suit ne s'articulent pas davantage au récit mais, par le contenu, aux lignes qui précèdent immédiatement (134, 11-15) et qui interprètent le salut en termes de résurrection, rédemption, ascension. Enfin, Jn 6, 44 (133, 34-131, 4) illustre l'assertion sur la gratuité de la régénération qui peut à volonté être lue soit comme un dernier post-scriptum au récit, soit comme une introduction à la parénèse qui suit immédiatement : c'est une transition.

Dans la parénèse, les blocs de citations et commentaires tels que nous les avons décrits couvrent un peu plus des deux tiers du texte, auquel ils sont liés de fort près. La section 135, 16-26 illustre et appuie l'idée centrale de la première phrase de l'exhortation (135, 4-15), disant que la prière doit être sincère, à savoir s'accompagner de repentir et de larmes. Vient alors une affirmation de la philantrophie divine (135, 26-29), si brève qu'on peut se demander si elle ne sert pas d'introduction aux trois citations qui la suivent (135, 29-136) plutôt que d'être illustrée par elles ; de toute manière, le lien entre l'affirmation et les deux citations est évident : c'est l'idée que Dieu écoute, et l'âme d'une part, et son peuple d'autre part. Mais ces citations continuent d'illustrer le repentir et les larmes dont il a été question jusque là : elles illustrent donc à la fois la phrase qui les introduit et tout le contenu de la parénèse précédente. Revient alors le thème de l'exhortation : il faut prier sans hypocrisie, sans garder d'attachement pour le « lieu de l'erreur » : cela est à nouveau appuyé par le long complexe d'attestations et de commentaires de 136, 27-137,22 ; le texte se termine aussitôt après par une courte phrase qui résume les idées de la parénèse (137,21-25).

Il est donc permis de conclure que les citations s'accrochent mal au récit : en deux cas directement, mais de façon abrupte et par un lien ténu; en trois cas par un lien plus fort, mais indirectement, soit qu'elle se rapportent à une digression de caractère général, soit qu'elles appuient des post-scriptum interprétatifs. Dans tous les cas, le récit reprend là où il avait été laissé : jamais les citations ne font transition. La rédaction de la parénèse intègre par contre beaucoup mieux les textes invoquées, qui l'illustrent toujours de façon directe.

L'origine des citations

Comment ces diverses citations ont-elles été rassemblées? Si l'on cherche à regrouper de façon thématique les passages scripturaires cités, on constatera que beaucoup d'entre eux ne sont pas seulement en rapport avec leur contexte immédiat, mais aussi les uns avec les autres, constituant une sorte de dossier. Ainsi, par exemple, les deux premiers textes cités au sujet de la prostitution de l'âme (Jr 3,1-4 et Os 2,4-9) introduisent déjà en même temps l'idée de retour (ou retournement) et d'invocation[37] qui marquent les citations du pseudo-Ézéchiel et d'Is 30,15, lesquelles illustrent pour leur part les larmes du repentir et la philanthropie divine.

On pourrait dresser le tableau suivant :

a.	prostitution, adultère	Jr 3,1-4; Os 2,4-9; Ez 16,23-26; 1 Co 5,9-10; l'«enseignement des apôtres»; Hélène.
	péché	Pseudo-Ez; Is 30,19-20.
b.	larmes	Mt 5,4; Lc 16, 26; Is 30,15.19-20; Ps 6,7-10; l'Exode; Ulysse.
	invocation	Jr 3,1-4 (négativement); Pseudo-Ez; Is 30,19-20; l'Exode.
	quitter, avoir en aversion	Ps 44,11-12; Gn 12,1; Ulysse.
c.	retour, retournement	Jr 3,1-4 (négativement); Os 2,4-9; Pseudo-Ez; Is 30,15; Jean-Baptiste; Hélène.
d.	Dieu écoute	Pseudo-Ez; Is 30,19-20; Ps 6,7-10.
	Dieu fait miséricorde	Mt 5,4; Is 30,19-20; Ps 102,1-5.
	salut (diverses expressions)	Ps 102,1-5; Jn 6,44 (résurrection); Is 30,15.19-20; Ulysse.
e.	mariage	Gn 2,24; 3,16; Ps 44,11-12.
f.	autres	Ep 6,12 (combat spirituel); Jn 6,44 (initiative divine).

[37] Retour : 129,10 (de façon négative) et 130,9; invocation : 129,20.

Il ressort de ce tableau que toutes les citations traitent d'un ou plusieurs de ces trois thèmes : la prostitution de l'âme (parfois dite en termes de péché), le repentir (aversion, larmes, invocation), le retour ou retournement, la grâce salutaire (Dieu écoute, fait miséricorde, sauve). Le contenu des citations homériques ne diffère en rien. Seules quatre citations scripturaires, toutes brèves, traitent d'autre chose : le mariage (deux passages de Gn, très sommaires[38]), le caractère spirituel du combat (Ep 6,12), l'initiative divine (Jn 6,44).

Si, à la lumière de ce tableau, on relit l'ensemble du texte, on remarquera que le dossier illustre d'abondance tous les thèmes touchés par la parénèse, mais que de la narration il n'illustre avec une certaine ampleur que le seul thème de la prostitution ; les autres sont laissés dans l'ombre, ou peu s'en faut : la purification de l'âme, l'oubli et la reconnaissance de l'époux, la chambre nuptiale, la descente de l'époux, la connaturalité de l'âme avec lui[39], l'union. La conclusion s'impose donc à nouveau : alors que les citations s'adaptent très imparfaitement à la démarche du récit, dont elles ne soulignent qu'un aspect, elles expriment au contraire de plus près la démarche de la parénèse, sans pourtant (l'analyse de la doctrine du repentir le montrera) coïncider parfaitement avec elle.

Si toutes ces citations témoignent d'une connaissance assez étendue de la Bible juive dans la version des Septante[40], et de quelques textes chrétiens, on peut se demander pourtant si cette connaissance est, dans tous les cas, directe, et si l'auteur n'utilise pas une sorte de chaîne. Deux indices, dans l'écrit lui-même, inclinent à le supposer ; on les trouve tous deux dans le groupement de citations 135, 29-136, 15.

a) La citation du Pseudo-Ézéchiel, rangée parmi les textes bibliques (135, 31-136, 4). Cette citation se retrouve à peu près mot pour mot dans la première Lettre de Clément de Rome (1 Clem 8, 3) : elle y est plus longue d'une phrase au début et fait suite à un texte de l'Ézéchiel canonique (Ez 18, 23). On en retrouve également la dernière phrase

---

[38] On pourrait leur ajouter Ps 44, 11-12 ; mais bien que ce texte soit introduit dans un contexte nuptial et qu'il ait en effet une portée nuptiale, il ne parle cependant pas des noces en termes exprès ; par contre, il affirme la nécessité d'oublier son peuple et la maison paternelle, ce que le commentaire vient souligner.

[39] Exprimée et illustrée seulement en termes de seigneurie, Gn 3, 16.

[40] P. NAGEL, «Die Septuaginta Zitate in der koptisch-gnostischen "Exegese uber die Seele" (Nag Hammadi Codex II)», *Archiv für Papyrusforschung* 22-23 (1974) 249-269, conclut en affirmant l'indépendance du texte de l'ExAm par rapport aux versions coptes de la Septante : le texte sous-jacent est bien le texte grec, dans une forme que certaines variantes montrent ancienne, antérieure aux recensions.

citée par Clément d'Alexandrie (*Pédagogue* I,91,2), qui l'attribue explicitement à Ézéchiel. D'où l'auteur de l'ExAm tient-il cette citation? Disposait-il de la Lettre de Clément, du Pseudo-Ézéchiel lui-même, ou d'une autre source encore? Parce que l'extension des passages cités coïncide à peu près et que les rares traces de ce Pseudo-Ézéchiel sont attestées plusieurs fois chez des auteurs anciens[41], on inclinera à croire que ce texte ne fut généralement connu que sous forme d'extraits; parce que l'ExAm attribue clairement cet extrait à l'Ancien Testament et le met en série avec deux passages d'Isaïe, on hésitera à admettre qu'elle cite d'après la Lettre de Clément : le plus vraisemblable reste que l'auteur utilise ici un recueil d'attestations scripturaires.

b) L'impression qu'un recueil a été utilisé se renforce si l'on considère les deux citations suivantes : elles sont mises en série avec notre Pseudo-Ezéchiel, comme s'il s'agissait du même auteur, alors qu'il s'agit cette fois d'Isaïe. En outre, les deux citations d'Isaïe apparaissent comme des lieux distincts, alors qu'elles proviennent d'un même contexte, où elles ne sont séparées que par quelques versets; en fait, il n'y a qu'une citation d'Isaïe, erronément présentée comme deux attestations.

Pareille série, où deux écrits d'origine différente paraissent attribués à un seul prophète, et où un texte unique est scindé en deux attestations, étonne chez un auteur ordinairement soigneux dans l'identification de ses citations, mais s'explique assez bien si cet auteur a de ses autorités une connaissance seulement indirecte, par le truchement d'une anthologie.

Dès lors que l'homogénéité de nombreuses citations donne à penser qu'elles constituent un dossier, et que l'examen d'un passage au moins suggère que l'auteur utilise une anthologie, on peut tenir ce dossier scripturaire pour une des sources de l'ExAm. Toutefois, la consonnance générale des textes allégués avec la doctrine de la parénèse indique bien que ce dossier a dû être rassemblé dans un milieu semblable à celui où fut rédigé notre texte, en son état actuel. Nous nous rapprochons de la sorte des conclusions de Madeleine Scopello, qui a recherché dans la littérature patristique les traces de pareil dossier[42].

---

[41] A. GUILLAUMONT, «Une citation de l'Apocryphe d'Ezéchiel dans l'Exégèse au sujet de l'âme» dans M. KRAUSE (éd.) *Essays on the Nag Hammadi Texts in Honour of Pahor Labib* (*NHS*, 6), Leyde, 1975, p. 38.

[42] Madeleine SCOPELLO, «Les "Testimonia" dans le traité de l'"Exégèse de l'âme" (Nag Hammadi, II, 6)», *RHR* 191-192 (1977) p. 171.

2. La parénèse

Structure et composition

Après une transition qui affirme que la régénération passe les forces humaines et est un don gratuit de Dieu (134, 28-135, 4), l'exhortation au repentir se déroule en deux blocs successifs et, quant à l'essentiel, parallèles. Chacun de ces blocs a pour noyau une affirmation de la nécessité[43] de la prière[44], déduite telle une conséquence de ce qui a été dit juste auparavant[45]; cette prière doit être sincère, c'est-à-dire conforme aux dispositions intérieures réelles[46], ce qui la suppose accompagnée de larmes et de la détestation du péché ou de l'erreur[47]. Ce noyau est suivi d'attestations démontrant l'importance de la rupture et de l'affliction[48], puis d'une affirmation, étayée elle aussi, de la miséricorde divine qui écoute la prière[49].

[43] ϣϣⲉ : 135,4; 136,16.

[44] ϣⲗⲏⲗ : 135,4; ⲙⲟⲩⲧⲉ ⲉ- : 135,4; b) ⲡⲣⲟⲥⲉⲩⲭⲉⲥⲑⲁⲓ : 136,16; ⲡⲱⲣϣ ⲛ̄ⲛ̄ϭⲓϫ ⲉϩⲣⲁ̈ⲓ ⲉ- : 136, 17-18; ϣⲗⲏⲗ : 136, 19.

[45] ϭⲉ : 135,4; ϩⲱⲥⲧⲉ : 136,16.

[46] Il s'agit de «prier de toute notre âme (ⲯⲩⲭⲏ)» (135,5), «de tout (notre) cœur (ϩⲏⲧ)» (136,20). Dans la première partie de la parénèse, cela s'exprime par une opposition des «lèvres extérieures» et de l'«esprit intérieur, sorti de la profondeur» (135,5-8), tandis que la seconde partie en appelle à l'exemple des marins en péril qui prient Dieu de tout leur cœur, sans hypocrisie (ϩⲩⲡⲟⲕⲣⲓⲥⲓⲥ) : la prière hypocrite est illusoire, car «Dieu sonde les reins et le cœur» (136,18-24). On voit que l'idée est davantage élaborée dans la seconde section (terme technique de l'hypocrisie, topos des marins en péril, erreur de l'hypocrite, allusion biblique à l'appui) que dans la première (simple opposition de l'intérieur et de l'extérieur). Observer deux points communs dans la formulation : «de toute notre âme» et «de tout leur cœur». L'image de la navigation en haute mer (136,18-20) trouve un écho anticipé dans la première section, dans la description de l'âme avant sa conversion : «la manière dont nous étions dans l'obscurité et la tempête (ϩⲟⲉⲓⲙ)» (135,12-13).

[47] Dans la première section, la détestation est abondamment détaillée : sangloter (ⲁϣⲉϩⲟⲙ), se repentir (ⲣ̄ⲙⲉⲧⲁⲛⲟⲉⲓ), confesser (ⲣ̄ⲉⲝϩⲟⲙⲟⲗⲟⲅⲉⲓ), prendre conscience de (ⲣ̄ⲁⲓⲥⲑⲁⲛⲉ), se lamenter sur soi-même (ⲡⲉⲛⲑⲉⲓ ⲛⲁⲛ ⲟⲩⲁⲁⲛ), se haïr (ⲙⲟⲥⲧⲉ); de même pour la chose détestée : la vie que nous avons menée, nos péchés (ⲛⲟⲃⲉ), l'erreur (ⲡⲗⲁⲛⲏ) et le zèle (ⲥⲡⲟⲩⲇⲏ), vains (ⲉⲧϣⲟⲩⲉⲓⲧ), la manière dont nous étions dans l'obscurité et la tempête (ⲡⲕⲁⲕⲉ ⲙⲛ̄ ⲫⲟⲉⲓⲙ), nous-mêmes, nous tels que nous étions (135,8-14). La seconde section est plus discète et parle seulement de ne plus aimer (ⲉⲧⲓ ⲉϥⲙⲉ) le lieu de l'erreur (ⲡⲧⲟⲡⲟⲥ ⲛ̄ⲧⲡⲗⲁⲛⲏ) (136,26-27) : mais le vocabulaire de la détestation est repris plus en détail dans les deux citations homériques qui suivent aussitôt.

[48] Attestation succincte pour la première section : deux versets évangéliques et l'évocation du baptême de repentir prêché par Jean (135,16-26). Pour la seconde : paraphrase et citation de l'Odyssée; évocation d'Israël en Egypte.

[49] a) Une simple énonciation («le Père est philanthrope et bon, et il écoute l'âme qui l'invoque, et lui envoie la lumière salutaire», 135,26-29), appuyée par trois textes prophétiques.

b) À l'inverse, un passage de Psaume (137,15-22), qui introduit la dernière phrase de

Faut-il voir dans ces deux structures rigoureusement parallèles une caractéristique de la rédaction ou, avec W. C. Robinson, l'indice de deux étapes successives dans la composition? L'argumentation de W. C. Robinson repose essentiellement sur une comparaison de vocabulaire entre les deux parties de l'exhortation[50]. Il est certes vrai qu'existent entre ces deux sections quelques différences significatives de vocabulaire[51]; cependant il se trouve aussi des ressemblances non négligeables[52]; certains mots que l'on dit absents d'un côté ne le sont pas vraiment[53], tandis que d'autres, qui peuvent paraître caractéristiques, sont visiblement appelés là par des citations qui se trouvent dans le contexte proche[54]. En fin de compte, seul l'emploi répété et exclusif du mot

l'écrit: «si nous nous repentons vraiment, Dieu nous entendra, qui est longanime et grandement miséricordieux» (137,22-25).

[50] W. C. ROBINSON, «The Exegesis on the Soul», p. 105-107. Il s'appuie sur deux observations: a) le vocabulaire de la partie narrative se retrouve dans la première section parénétique, et le vocabulaire des deux sections parénétiques s'oppose (ainsi la première parle du Père — ⲉⲓⲱⲧ — tandis que la seconde parle de Dieu — ⲛⲟⲩⲧⲉ-); les citations sont insérées dans la première partie de l'exhortation, entre la première et la seconde partie, après la seconde partie, mais pas dans celle-ci. Cette deuxième observation appelle des réserves et suppose d'une part qu'on ait défini la seconde partie en sorte que la citation du Ps 6 et la conclusion en soient exclues (mais alors il n'y a plus de parallélisme des exhortations), et d'autre part que l'on compte pour rien les deux citations homériques et l'allusion à l'Exode. Ceci n'est pas soutenable: seul l'argument de vocabulaire mérite considération.

[51] Abstraction faite des citations, sont présents en (a) et absents en (b): ⲉⲓⲱⲧ (2 fois); ⲙⲟⲩⲧⲉ ⲉϩⲣⲁⲓ ⲉ-; ⲡⲛⲉⲩⲙⲁ; ⲣ̅ⲉⲝⲟⲙⲟⲗⲟⲅⲉⲓ; ⲛⲟⲃⲉ; ⲣ̅ⲁⲓⲥⲑⲁⲛⲉ; ⲉⲧⲱⲟⲩⲉⲓⲧ (2 fois); ⲕⲁⲕⲉ; ϩⲟⲉⲓⲙ; ⲣ̅ⲡⲉⲛⲑⲉⲓ; ⲙⲟⲥⲧⲉ; ⲣ̅ⲉⲡⲓⲕⲁⲗⲉⲓ ⲉϩⲣⲁⲓ ⲉ-; ⲧⲛⲛⲁⲩ; ⲟⲩⲟⲉⲓⲛ; ⲗⲩⲡⲏ. Al'inverse, sont présents en (b) et absents en (a): ⲛⲟⲩⲧⲉ (5 fois); ⲡⲣⲟⲥⲉⲩⲭⲉⲥⲑⲁⲓ; ⲡⲱⲣⲱ ⲛ̅ⲛ̅ⲃ̅ⲓ̅ⲝ̅ ⲉϩⲣⲁⲓ ⲉ-; ϩⲏⲧ (2 fois); ⲣ̅ⲁⲡⲁⲧⲁ/ⲁⲡⲁⲧⲏ; ⲁⲝⲓⲟⲥ (2 fois); ϩⲩⲡⲟⲕⲣⲓⲥⲓⲥ (2 fois), ⲕⲧⲟ.

[52] ⲱ̅ⲱⲉ; ⲱⲗⲏⲗ; ⲯⲩⲭⲏ; ⲧⲏⲣ=; ⲁⲱϩⲟⲙ; ⲣ̅ⲙⲉⲧⲁⲛⲟⲉⲓ (+ ⲙⲉⲧⲁⲛⲟⲓⲁ, 3 fois en a.) ⲡⲗⲁⲛⲏ; ⲣⲓⲙⲉ; ⲛⲁ; ⲟⲩⲝⲁⲉⲓ; ⲥⲱⲧⲙ. Remarquer qu'il s'agit là du vocabulaire de base pour exprimer la doctrine du repentir et de la conversion selon l'ExAm.

[53] Ainsi ⲗⲩⲡⲏ (135,25), dans la première partie de l'exhortation, se retrouve dans la seconde sous la forme du verbe ⲗⲩⲡⲉⲓ, dans l'évocation d'Ulysse sur l'île de Calypso (136,29); cette évocation est une allusion à plusieurs passages de l'Odyssée (M. KRAUSE, dans son édition, renvoie pour le chagrin d'Ulysse à I, 48ss; IV, 555ss; V, 82ss. 151ss) où ne se trouve pas le verbe λυπεῖν; et quand même on le retrouverait dans un de ces passages, son choix procéderait encore de l'activité du rédacteur.

[54] ⲛⲟⲃⲉ, péché (135,10), qui n'est jamais employé ailleurs dans le texte pour désigner ce dont détourne le repentir, se retrouve peu après dans la citation du pseudo-Ézéchiel (135,32). ⲣ̅ⲡⲉⲛⲑⲉⲓ, se lamenter (135,13), se retrouve dans la citation de Mt 5,4 (135, 17): ce sont les deux seules attestations de ce mot. Il en va de même pour ⲙⲟⲥⲧⲉ haïr en 135,14 et 135,20 (citation de Lc 16,26); pour l'expression «de toute votre âme», en 135,5 et 136,1 (pseudo-Ézéchiel) et pour ⲱⲟⲩⲉⲓⲧ, être vain, en 135,10.12 et 136,8 (Is 30,15). Les deux emplois de ⲉⲓⲱⲧ dans cette section sont tous deux dans l'environnement immédiat d'une citation où le mot est utilisé: 135,4 en conséquence de la citation de Jn 6,44 (135,2) et 135,26 en introduction à celle du pseudo-Ézéchiel (136,3). Ceci

«Père» (ⲉⲓⲱⲧ) dans la première partie, du mot «Dieu» (ⲛⲟⲩⲧⲉ) dans la seconde, peut paraître comme un fait indiscutable et fonder une conclusion [55].

Il ne manque cependant point d'arguments en faveur d'une unité rédactionnelle des deux sections. D'abord, texte et citations y font corps, comme on l'a vu et, contrairement à l'opinion de W. C. Robinson, les citations s'étendent bien sur les deux parties de l'exhortation [56]; or il n'y a aucune raison d'attribuer l'insertion de ces textes scripturaires ou homériques à deux niveaux rédactionnels distincts [57]. Ensuite, il convient d'observer la similitude de pensée entre les deux volets de l'exhortation, l'un n'apportant à l'autre rien de vraiment neuf, malgré des différences d'accentuation [58]. Enfin, la répétition d'un même schéma est, l'étude des groupements de citations le montre, caractéristique de l'écriture de notre texte, qui connaît d'ailleurs une disposition en parallèle assez analogue lorsqu'est répétée, sans progression notable de la pensée, l'attestation de l'enseignement apostolique sur la prostitution de l'âme [59].

On hésitera donc à dissocier les deux parties de la parénèse sur la simple base des différences de vocabulaire et en particulier de l'emploi de ⲉⲓⲱⲧ et ⲛⲟⲩⲧⲉ: le texte est trop bref et ⲉⲓⲱⲧ y est trop peu attesté (deux fois dans la section considérée) pour pouvoir fonder grand-chose là-dessus. Mais on admettra volontiers que ⲛⲟⲩⲧⲉ est

montre bien la dépendance de cette première partie de l'exhortation par rapport aux citations, et contredit formellement la thèse de Robinson, selon laquelle la première partie de l'exhortation, appartenant au même niveau de composition que le récit, aurait été illustrée de textes scripturaires par l'auteur de la seconde partie. Il y a des indices de pareille dépendance dans la seconde partie également: ⲣ̄ⲁⲡⲁⲧⲁ (136,22), ⲁⲡⲁⲧⲏ (136,7) est employé dans l'évocation d'Ulysse (136,31) et dans le discours d'Hélène (137,3); de même, l'emploi de ⲍⲏⲧ, cœur (136,20) peut être influencé par 136,36: [ⲡⲁ?]ⲏⲧ ⲁϥⲕⲧⲟϥ ⲛⲧⲟⲟⲧ, citant *Od.* IV, 260.

[55] ⲉⲓⲱⲧ est employé 2 fois dans la première partie de l'exhortation, mais non ⲛⲟⲩⲧⲉ, alors que la seconde partie a toujours ⲛⲟⲩⲧⲉ (5 fois), jamais ⲉⲓⲱⲧ.

[56] Retirer les citations et allusions explicites de la seconde partie, par exemple, n'en laisserait pas grand-chose et briserait le parallélisme des deux sections: ainsi la mention du repentir et des larmes n'est présente dans cette section que par les deux passages homériques et l'allusion à l'Exode; l'idée de la miséricorde est amenée par la citation du Ps 6.

[57] Voir ci-dessus l'examen des groupements de citations, p. 7-9.

[58] La première section insiste davantage sur l'affliction qui accompagne le repentir. Dans la seconde, le thème de la sincérité de la prière se développe en condamnation de l'hypocrisie; la tromperie dont l'âme est victime est attribuée à Aphrodite et interprétée comme «l'engendrement de ce lieu»: cette détermination encratiste efface le caractère moral qu'insinuait dans la première partie le terme de «péché», car lorsqu'on condamne ainsi la procréation, le mal n'est plus principalement d'ordre éthique, mais réside d'abord dans le fait que des âmes soient emprisonnées en «ce lieu».

[59] 130,28-131,2.

un mot caractéristique de la section parénétique; en dehors d'elle, il se retrouve peu, et seulement dans la partie rédactionnelle du florilège des p. 129-131 (130,34) et dans la citation du Ps 102,2 (134,19), où il constitue d'ailleurs une leçon originale, s'écartant du texte de la Septante et des versions coptes connues[60]. Dans le récit de la chute et du salut de l'âme, par contre, ειωτ est d'un emploi constant. Il est donc permis de maintenir l'unité rédactionnelle de la parénèse; on observera au passage que l'emploi de ΝΟΥΤΕ confirme que citations et parénèse sont étroitement liées et souligne la différence qui existe entre le bloc parénèse-citations et le récit.

Parénèse et récit.

Il va de soi que la section parénétique suppose la section narrative et s'appuie sur elle. Mais s'appuie-t-elle sur tout? Essentiellement, cette parénèse est exhortation au repentir[61]. Les citations contenues dans la parénèse reflètent cette doctrine et contribuent à l'exprimer; on en retrouve aussi des traces dans les citations qui illustrent la section narrative[62].

Dans la section narrative elle-même, cette doctrine de la parénèse se retrouve peu souvent, de façon fort précise et avec une coïncidence verbale frappante, mais limitée à de brefs passages qui décrivent tous la *metanoia* de l'âme : repentir et première tentative de conversion[63], repentir et prière[64], sommaire reprenant cette conversion après l'interruption du récit par le premier dossier de témoignages[65] et enfin,

---

[60] Cf. commentaire *ad loc.*

[61] La doctrine du repentir est analysée ci-dessous, p. 43ss.

[62] Se tourner, se retourner (ΚΟΤΕ): 129,10.13 (Jer 3, 1-4); 130,9 (Ez 16,23-26); crier vers, invoquer (ΜΟΥΤΕ ΕϩΡΑΪ Ε-): 129,20 (Jer 3, 1-4); pardon des péchés 134, 21; miséricorde (ΝΑ): 134,23 (Ps 102).

[63] L'âme sanglote (ΑϣΕϩΟΜ): 128,6; se repent (ῬΜΕΤΑΝΟΕΙ): 128,7; détourne son visage des adultères (ΚΤΕ ΠΕϭϩΟ ΕΒΟΛ Ν̄-): 128,8 (cf. 136,29-30, Ulysse).

[64] *Repentir de l'âme*: 1) sanglot (ΑϣΕϩΟΜ): 128,28-29; 2) repentir (ῬΜΕΤΑΝΟΕΙ): 128,30; 3) invocation (ῬΕΠΙΚΑΛΕΙ) du nom du Père, de tout son cœur (ϩΜ ΠΕϲϩΗΤ ΤΗΡϥ) pour demander du secours (ΑΤΡΕϥῬΒΟΗΘΕΙ): 128,32-34 (pour ΒΟΗΘΕΙΑ cf. 136, 3, toujours dans la description d'Ulysse). ΒΟΗΘΕΙΑ se retrouve un peu plus haut, 128, 9, sans référence nécessaire au Père); 4) le Père la visite (ϭΜ̄ ΠΕϭϣΙΝΕ): 128,27 (cf. 137,11, Israël en Egypte); la voit (ΝΑΥ): 128,28; lui fait miséricorde (ΝΑ): 129,4. *Prière de l'âme*: Demande de salut (ΜΑΤΟΥΧΑΕΙ): 128,34-35; confession (†ΛΟΓΟϹ): 128,35-36; demande d'être à nouveau tournée vers le Père (ΠΑΛΙΝ ΤΚΤΟΕΙ ϣΑΡΟΚ): 129,1-2.

[65] 131,16-19. L'âme prend conscience (ῬΑΙϭΘΑΝΕ) des peines dans lesquelles elle se trouve : 131,17; elle pleure (ΡΙΜΕ) vers le Père : 131,18; se repent : 131,18; le Père lui fait miséricorde (ΝΑ): 131,19.

dans une moindre mesure, les larmes rétrospectives de l'âme lorsqu'elle
est rejointe par son époux[66]. Il y a cependant quelques différences :
ce dont l'âme se convertit n'est pas dit en termes d'erreur ou de péché[67],
mais de prostitution, de passion, d'inconduite et donc essentiellement
de souillure[68], et lorsque l'âme est affligée, c'est un état de désolation
qu'elle subit et qui sera à l'origine de son repentir, mais ce n'est pas la
déploration qui accompagne ce repentir dans la section parénétique[69].
Hors de ces passages, les thèmes développés par la narration n'ont avec
l'enseignement de la parénèse qu'un rapport très général, en ce qu'ils
décrivent la chute, le malheur et le salut de l'âme ; mais dans l'ensemble
ni le vocabulaire ni les images ne coïncident, sauf pour les paroles
d'Hélène et leur interprétation (136, 35-137, 11) qui relèvent de la
thématique nuptiale : cette coïncidence reste mineure cependant, et
peut-être même fortuite[70]. La très faible exploitation des thèmes du
récit dans la parénèse est d'autant plus frappante que, lorsqu'il y a
correspondance, celle-ci est rigoureuse. Tout se passe comme si un aspect
seulement du récit intéressait notre auteur lorsqu'il en vient à tirer ses
conclusions ; il est permis de se demander pourquoi, dans ces conditions,
il a développé les autres : cela nous mène à examiner la section
narrative.

[66] 133,11-12 (ⲉⲥⲣⲓⲙⲉ). Il ne s'agit plus ici des larmes du repentir, mais des larmes
du souvenir, qui accompagnent une joie nouvelle : ⲣⲓⲙⲉ est en antithèse à ⲣⲁϣⲉ (133,
11). Cependant l'emploi de ⲁⲥⲭⲏⲙⲟⲥⲩⲛⲏ (133,12-13) renvoie au récit de la conversion
de l'âme (128,29-30).
[67] Le seul mot commun à cet égard entre la parénèse et le récit est ⲁⲡⲁⲧⲏ (127,31),
pour désigner le don illusoire qui permet à ses amants de séduire l'âme mais l'idée de
tromperie n'est ici qu'à l'arrière-plan, derrière celle de cadeau (ⲁⲱⲣⲟⲛ), comme
moyen de persuasion en alternative à la violence (ⲃⲓⲁ).
[68] L'idée de prostitution est éparse à longueur de récit et de citations : c'est le thème
central de la première partie du récit et des témoignages qui l'appuient. Pour la
souillure (ⲭⲱϩⲙ̄, verbe et substantif) : 127,29 (conj.).32 ; 128,22 ; 129,11.17 ; 130,24 ;
131,15.30 ; 132,11 ; passion (ⲡⲁⲑⲟⲥ) : 128,29 ; indécence (ⲁⲥⲭⲏⲙⲟⲥⲩⲛⲏ) : 128,29-30 ;
132,12-13.
[69] Voir l'emploi de ⲙ̄ⲕⲁϩ, affliction, et de ⲙⲟⲕϩⲥ (id) en 128,20 ; 131,17 : les peines
sont conséquence de l'inconduite et motivation de la conversion ; en 135,26 au contraire,
ⲙ̄ⲕⲁϩ ⲛ̄ϩⲏⲧ, synonyme de ⲗⲩⲡⲏ, est une caractéristique de la ⲙⲉⲧⲁⲛⲟⲓⲁ elle-même.
Par ailleurs, si dans le récit, l'âme prend conscience des peines qui la frappent (131,17),
nous sommes plutôt, dans la parénèse, invités à prendre conscience de l'erreur vaine dans
laquelle nous sommes (135,10).
[70] Ce qui reste dominant, dans les paroles d'Hélène, c'est la volonté de retourner
à sa maison, d'où elle est partie en abandonnant son pays, sa fille et son mari : l'idée
d'exil prime sur celle d'adultère. Toutefois le commentaire de ces paroles la tire quelque
peu vers la thématique nuptiale : le pays et la fille sont oubliés, il n'est plus question
que du mari parfait, abandonné par l'âme à cause de «l'engendrement de ce lieu-ci» ;
néanmoins le retour reste pensé comme un retour à la maison, non comme une nouvelle
union.

3. Le récit

Formellement, les huit premières pages (127, 18-135, 4) sont narratives, écrites à la troisième personne. La question est de savoir si ces pages contiennent, et dans quelle mesure, des traces d'un autre écrit indépendant des citations scripturaires et de la démarche parénétique, c'est-à-dire antérieur à la rédaction actuelle de l'ExAm. Si une telle source de notre texte peut être atteinte, ce ne sera qu'en éliminant les citations, puis les phrases et passages qui leur sont directement liés à titre d'introduction ou de commentaire, enfin toute coïncidence rédactionnelle entre le récit et les textes cités ou la parénèse, qui indiquerait soit une dépendance directe du récit, soit la main d'un même auteur. Le résidu ne pourra être considéré comme une source écrite ou sa trace que s'il présente une certaine cohérence dans la forme et le contenu, et assez d'originalité pour se distinguer de l'actuelle rédaction.

Les composantes de la section narrative

A. Si l'on ôte les citations explicites et leurs clausules d'introduction, il reste : 127, 19-129, 5; 130, 20-131, 2; 131, 8-9; 131, 13-132, 35; 133, 3-9.10-15.20-28; 133, 31-134, 15; 134, 25-34.

B. Mais outre qu'il y a des citations implicites, une partie du texte lui-même est écrite dans la dépendance directe des citations. Il convient donc de retrancher encore une série de passages qui postulent nécessairement l'existence des citations.

a. 130, 20-28 : commentaire des textes prophétiques qui précèdent.

b. 130, 28-131, 2; 131, 8-9 : double évocation de l'enseignement apostolique, chaque fois commentée; articulation rédactionnelle de deux citations pauliniennes.

c. 132, 27-35 : développement sur le mariage spirituel, peu en rapport avec ce qui précède (il n'a en effet pas encore été question de l'accomplissement des noces) et en dépendance de la citation de Gn 2, 24b, qui suit immédiatement et dont on ne peut que difficilement séparer ce passage.

d. 133, 3-6 : commentaire de Gn 2, 24b.

e. 133, 6-9 : cheville rédactionnelle liée à la fois à Gn 2, 24b et à la citation qui suit (texte offrant des ressemblances avec Gn 3, 16b, mais aussi 1 Co 11, 5 et Ep 5, 23). L'expression ⲫⲩⲥⲓⲕⲟⲥ ⲛ̄ϫⲟⲉⲓⲥ est bien de la même main que celle qui introduit les citations et leurs commentaires (cf. 133, 24-25).

f. 133, 20-28 : commentaire interprétatif du Ps 44.

g. 133, 31-32 : transition, qui renoue le fil du récit interrompu en 133, 15, tout en justifiant la parenthèse de 133, 15-31 en accolant au verbe «se parer», repris à 133, 14, la détermination «en sa beauté», empruntée au Ps 44.

h. 134, 25-27 : commentaire du Ps 102.

Par ailleurs, à partir de 134, 4, on peut considérer le récit proprement dit comme terminé : ce qui suit est un agglomérat de conclusions qui visent à en expliciter le sens et à introduire l'exhortation.

C. Plusieurs blocs se sont ainsi dessinés.

a. Le récit lui-même. Strictement, il couvre 127, 19-129, 5 ; 131, 13-132, 27 ; 133, 10-15 ; 133, 31-134, 4. Il est interrompu par trois fois. La première et la troisième fois, les sutures sont nettes : la reprise après l'interruption rappelle où l'on en était resté. Chacune de ces interruptions forme un tout cohérent.

b. Première interruption : le dossier sur la prostitution de l'âme (129, 5-131, 13) qui comprend surtout les citations mais aussi, dans sa seconde moitié, des parties rédactionnelles articulant entre elles les citations.

c. Deuxième interruption : le développement sur le mariage spirituel («ce mariage») restauration définitive de l'unité originelle (132, 27-133, 10) : raisonnement articulé et cohérent, faisant explicitement référence au récit de la Genèse.

d. Troisième interruption : le développement destiné à rappeler la rupture impliquée dans ce nouveau mariage (133, 15-31). Cette interruption forme elle aussi un bloc : deux citations bibliques rapprochées par un commentaire.

e. Le récit terminé est suivi de conclusions : 1) interprétation du mythe en termes de régénération de l'âme (134, 4-11) ; 2) utilisation d'une thématique chrétienne pour désigner cette régénération (134, 11-15) ; 3) attestation scripturaire et commentaire (134, 15-27) ; 4) transition avec la section parénétique, incluant une attestation évangélique (134, 28-135, 4). Bien que toute cette conclusion s'articule autour de l'idée de régénération et coiffe le mythe d'une interprétation, elle paraît quelque peu disparate, surtout à cause de la série des noms du salut (134, 11-15) qui apparaît comme une glose, n'étant nulle part annoncée ni répercutée.

Le récit et les citations

Observons d'abord qu'aucune citation n'illustre directement le récit : les citations sont généralement liées en blocs rédactionnels ; elles illustrent soit une idée globalement contenue dans le récit (dossier sur la prostitution de l'âme), soit des assertions extérieures au récit lui-même (développement sur le mariage spirituel, conclusion). Le seul exemple d'un passage direct du récit à une citation se trouve en 133,15 ; or cette articulation est tout à fait artificielle : la citation s'accroche, par association d'idées, à un texte auquel elle n'ajoute rien et qui ne la présuppose pas[71].

Plusieurs auteurs affirment que la thématique du récit dépend des citations, et en particulier que le récit de la prostitution de l'âme suppose les attestations prophétiques qui le suivent[72]. Cela ne semble pas le cas. Certes, l'idée de prostitution apparaît de part et d'autre : il faut bien que les textes scripturaires utilisés aient un rapport avec ce qu'ils illustrent. Mais cela ne signifie pas encore que la démarche du récit dépend des citations. Le contraire est d'autant plus probable qu'il y a entre eux de notables différences. Dans le récit, l'âme subit la chute d'auprès du Père, elle se prostitue moins elle-même qu'elle ne tombe aux mains des adultères qui usent d'elle par violence et tromperie ; elle est dans l'illusion et prend ses adultères pour de véritables époux, si bien qu'elle ne se souille pas, mais subit la souillure. Bref, la prostitution est considérée comme une agression subie, elle est passive et n'est point vue sous l'angle moral : ses suites malheureuses ne sont pas un châtiment, mais une conséquence.

Tout au contraire, la prostitution que décrivent les textes prophétiques invoqués est active : c'est toujours l'épouse infidèle qui se prostitue, prend un autre homme, reçoit des amants, se bâtit une maison de prostitution ; c'est donc bien elle qui se souille elle-même et qui souille la terre ; pareille prostitution est morale et appelle un châtiment du Seigneur, son mari abandonné.

---

[71] A cause de l'idée de beauté (suggérée par le fait que l'âme se pare et contenue dans la citation du Ps 44), cet endroit est le seul où la citation pouvait s'insérer : mais la pointe de l'excursus 133,15-31 est autre, c'est l'idée de rupture. L'insertion est à ce point artificielle que le rédacteur doit l'expliquer dans la transition qui ramène au récit (134,31-33).

[72] R.McL. WILSON, «Old Testament Exegesis», p. 222 ; F. WISSE, «On Exegeting», p. 80-81 : «The first section (= the fall of the soul, her defilement by evil men, her own shameless behavior and resulting desolation) summarizes the content of the first block of quotations (129,5-130,30)».

Il se pourrait cependant que pour des détails la dépendance du récit par rapport aux citations se laisse montrer.

a. L'inconduite de l'âme. Si les points de contact existent, il s'agit de termes généraux appelés par l'idée de débauche ; le vocabulaire et les images les plus caractéristiques ne se retrouvent pas de part et d'autre [73].

b. Le don trompeur (127, 31) renvoie-t-il à la citation d'Osée (130, 1-11) et à son commentaire (130, 24-28)? Ce serait de façon bien lointaine. Notre auteur néglige tous les détails concrets du texte d'Osée à propos des biens que reçoit l'âme, alors que dans le commentaire il montre assez son goût pour cette description : le «don trompeur» n'est pas appelé par la citation prophétique, mais simplement en complément anti-thétique de l'idée de violence que l'on trouve dans la première partie de la phrase [74].

c. La désolation. Dans le récit, l'âme abandonnée par ses faux époux devient veuve, pauvre, désolée, privée de secours, affligée ; dans la prophétie d'Osée, elle est guérie de son adultère en étant dénudée, laissée désolée comme une terre sans eau, frappée dans ses enfants. Entre les deux descriptions, il y a correspondance générale de l'idée et divergence du vocabulaire et de l'image, sauf en ce qui concerne le mot ερημος [75]. Il y faut joindre pourtant la question des enfants.

d. Les enfants de la prostitution. Le récit nous présente «ceux qu'elle a engendrés de ses amants : (ils) sont sourds et aveugles, ils sont débiles et ont l'esprit hébété» (128,23-26). Cela peut sembler inspiré par Osée : «Je la rendrai stérile par soif, je n'aurai pas pitié de ses enfants, car ce sont des enfants de prostitution» (129,31-33). Ici aussi, l'analogie des deux termes comparés est sommaire. Cette image du récit

---

[73] Si le récit et les citations ont en commun que l'âme se prostitue (ⲣⲡⲟⲣⲛⲉⲩⲉ, ⲡⲟⲣⲛⲉⲓⲁ) avec de nombreux (ϩⲁϩ) partenaires, voire avec chacun (ⲟⲩⲟⲛ ⲛⲓⲙ), et qu'elle court (ⲡⲱⲧ, ⲡⲏⲧ), les perspectives sont cependant différentes : violée et trompée dans le récit, l'âme est dans les citations une coureuse impudique. Viennent s'ajouter à cela d'importantes différences dans le vocabulaire et l'imagerie : dans le récit l'âme se livre (ou est livrée), est avec ses partenaires, les sert comme des maîtres sur leur couche, s'unit à eux ; l'épouse infidèle des citations reçoit, se fait éhontée, se bâtit une maison de prostitution, étend les pieds sur les chemins. La description des partenaires de débauche diffère également : noter en particulier la différence entre les brigands et les bergers. Voir le commentaire des passages en question.

[74] Cf. commentaire *ad loc.*

[75] 129,28-32, en particulier ϯ[ⲛ]ⲁⲁⲥ ⲛ̄ⲉⲣⲏⲙⲟⲥ ⲛ̄ⲑⲉ ⲛ̄ⲟⲩⲕⲁϩ ⲉⲙⲛ̄ ⲙ[ⲟⲟⲩ ⲛ̄ϩⲏⲧϥ] (129,30-31). Le mot ⲉⲣⲏⲙⲟⲥ ne recouvre pas la même image dans la citation que dans la description du veuvage de l'âme : c'est, chez le prophète, la désolation d'une terre sans eau (qui entraîne la mort par soif, selon le texte de la Septante ou la stérilité, selon notre texte copte) ; dans le récit, c'est l'état abandonné de qui n'a plus de secours, en suite de son veuvage et de sa pauvreté.

ne saurait être influencée par la citation qui l'illustre; elle fait bien davantage songer à l'avorton informe que produit la Sophia sortie du
Plérôme selon les valentiniens[76]. Il paraît même que, loin d'être
supposée par le récit, la citation biblique le suppose, s'infléchit pour
s'y adapter: «Je la rendrai sans enfants» (ϯⲛⲁⲁⲥ ⲛⲁⲧϣⲏⲣⲉ, 129,
31) traduit le grec ἀ(πο)τεκνῶ, au lieu d'ἀποκτενῶ «je la tuerai»,
que porte la Septante. Cette variante, qui n'est point connue par
ailleurs, s'adapte trop bien au contexte pour n'être pas volontaire[77].

   e. Quant au repentir de l'âme, il est raconté en termes qui appar-
tiennent assez manifestement au vocabulaire de la section parénétique,
et l'on peut donc juger qu'il n'est pas influencé directement par la fin
de la citation d'Osée (130, 8-11) ou les notations négatives de Jérémie
(129, 10-11; 20-22).

   Cette courte analyse nous montre un récit trop éloigné des citations
bibliques tant dans sa démarche que dans ses expressions, pour qu'on
puisse le croire vraiment influencé par elles. Un auteur est toujours
plus ou moins maître de son récit: il en choisit les mots, les images;
les citations par contre sont chose d'une certaine raideur, que l'on
ne peut guère changer. Un auteur qui écrit avec des citations devant les
yeux penchera toujours à s'y adapter, surtout pour les mots les plus
caractéristiques, les images les plus expressives; par contre, un auteur
qui illustre de citations un texte déjà existant ne parviendra pas à une
aussi bonne coïncidence du texte avec ses illustrations, même s'il retouche
un peu le texte et, comme c'est le cas, les illustrations. On voit bien qu'il
s'agit ici de la seconde hypothèse.

Le récit et la parénèse

   Nous avons vu qu'il existe entre la doctrine du récit et celle de la
parénèse une coïncidence frappante: les choses et les mots eux-mêmes
se retrouvent de part et d'autre. Mais cette coïncidence est limitée à quelques passages qui décrivent ou rappellent tous les repentir de l'âme, ses
larmes et sa prière: 128, 6-8; 128, 26-129, 5; 131, 16-19; 132, 10-11; 133,
11-13. La coïncidence est bien assez forte pour permettre de reconnaître
la même main de part et d'autre: tous les éléments majeurs de la
parénèse sont annoncés dans le récit. Cependant, il faut prendre garde
que tous les éléments du récit ne trouvent pas leur application dans la
parénèse. On ne peut donc pas dire que le récit dans son entièreté

---

[76] Ci-dessous, p. 50.
[77] Cf. commentaire, *ad loc.*

soit écrit pour fonder la parénèse; mais on ne peut nier qu'en certaines parties il la fonde. Il est permis de penser dès lors qu'un récit primitif de la chute et du salut de l'âme a été, en certains endroits, retouché pour correspondre à la doctrine de la parénèse. Ces retouches ne sont pas nécessairement altération du récit ni pure invention : elles peuvent être amplification, systématisation d'un élément qui déjà faisait partie du mythe. On se rappellera, par exemple, les larmes de la Sophia après qu'elle ait enfanté un avorton, la prière des Éons au Père en sa faveur et la pitié du Père, dans la notice d'Hippolyte sur Valentin.

Les vestiges du mythe

Si l'on retranche du récit les trois inclusions qui y sont faites et les conclusions en forme de commentaire, si l'on considère comme secondaire l'éventuelle influence rédactionnelle de la parénèse et celle, très mince, des citations, il demeure le squelette d'une histoire : l'état céleste de l'âme, androgyne (127, 19-25); sa chute en cette vie (127, 25-26) et ses malheurs, adultère sous la pression conjointe de la violence et de l'erreur, souillure (127, 26-128, 17), déception, mise au monde d'avortons (128, 17-26); ses larmes et sa prière, la miséricorde du Père (128, 26-129, 5, rédaction marquée par la parénèse); purification et baptême, qui est retournement (131, 19-132, 2); désir vain d'engendrer seule (132, 2-7), descente de l'époux (132, 7-10); préparation de l'épouse et de la chambre nuptiale, rêve de l'épouse (132, 10-23); venue de l'époux (132, 23-27) que l'épouse reconnaît (133, 10-15); union, fécondation et fertilité de l'épouse (133, 33-134, 3).

Nous ne pouvons certes affirmer que le récit dégagé de telle manière soit sans plus la base qui a servi à composer notre texte : il contient encore des redites maladroites[78] et est peut-être alourdi d'éléments adventices difficiles à situer dans l'ensemble, comme le développement sur le baptême (131, 19-132, 2). Il n'en reste pas moins qu'ainsi réduit à ses articulations le récit mythique est cohérent. Il en rappelle d'autres qui parlent de chute, souillure, purification et réunion.

---

[78] Ainsi les deux descriptions de la prostitution de l'âme, séparées par sa demi-conversion (127,26-128,17), la double purification de l'âme (œuvre du Père, 131,19-132, 2); œuvre de l'âme elle-même, 132,10-13); la double mention de la descente de l'époux, avec au milieu la description de la préparation de l'épouse (132,7-10; 132,23-26); la chambre nuptiale ornée deux fois : elle est parfumée par l'épouse (132,13-14) et déjà préparée (132,26) lorsque l'époux y descend, et cependant celui-ci l'orne encore (132, 26-27); l'âme aussi se pare par deux fois : lorsqu'elle attend l'époux (132,12-13), lorsqu'elle reçoit (133,13-32).

Sous la relecture préoccupée de l'âme humaine — des âmes individuelles, de la nôtre —, invitée à la conversion et à la prière, se discerne
encore assez un récit dont le personnage central est mythique, une
entité supérieure féminine qui peut-être était Psyché ou peut-être a
changé de nom quand l'histoire fut relue. Cet être supérieur tombe en
ce monde et y subit la violence des êtres inférieurs : déchue, elle ne pourra
être réintégrée en son lieu d'origine que si son frère, le sauveur, s'unit
à elle. Le mythe, malgré les corrections, parle d'une trajectoire nécessaire
et n'a pas de connotation morale ; mais le texte tel qu'il est maintenant,
préoccupé de l'âme individuelle, moralise l'histoire en présentant la
chute comme un péché, dont l'âme est sujet. Ce péché est la complai-
sance dans les choses terrestres et charnelles, en particulier les réalités
sexuelles : l'invitation au repentir se fait sur un arrière-fond encratiste.

4. Conclusions : La rédaction de l'*Exégèse de l'âme*

1. L'unité de l'ExAm, telle que nous la trouvons dans le Codex II de
Nag Hammadi doit être considérée comme un fait. C'est une œuvre
cohérente et non le produit par sédimentations successives sur un noyau
primitif, de remaniements et d'interpolations. Il s'ensuit que cette œuvre
doit être étudiée comme un tout, à partir de son unité : elle apparaît
alors comme une exhortation au repentir, fondée sur un mythe de
l'âme et sur des attestations scripturaires et homériques. Ces attestations
fondent doublement : de façon directe, en étayant l'exhortation ; de
façon indirecte, en confirmant la doctrine de l'âme.

2. L'hypothèse d'un écrit primitif qui aurait été simplement rema-
nié par l'introduction de citations et par l'adjonction ou le développement de la section parénétique doit donc être définitivement écartée.
Mais cela n'empêche nullement de rechercher les sources écrites de
l'auteur, les matériaux qu'il utilise et qui lui résistent, comme la pierre
ou le bois résistent au sculpteur et lui imposent la forme de l'œuvre en
même temps qu'ils la reçoivent.

3. Si l'on considère l'ExAm sous cet angle, il apparaît que tout ce
qui est parénèse est bien maîtrisé par l'auteur, caractéristique de son
écriture, et constitue en quelque sorte la forme unifiante de l'ouvrage.
Le dossier des citations, même s'il présente en lui-même une certaine
cohérence, est entièrement subordonné à la parénèse et, dans une
moindre mesure, au mythe de l'âme ; peu intégrées dans le récit, ou
de façon indirecte, les citations sont par contre étroitement mêlées à
l'exhortation. C'est donc bien l'auteur de cette exhortation qui les a

recueillies (en utilisant probablement un florilège), qui les organise
et les articule en fonction de son propos. Le *récit* du mythe au contraire
demeure, dans sa démarche comme dans nombre de détails, inexplicable
par les citations comme par la doctrine de la parénèse. Débarrassé
des citations et des développements rédactionnels qui les intègrent,
il apparaît, malgré les retouches de l'auteur, cohérent en lui-même,
et il offre quelques traces d'une doctrine différente de celle de l'écrit
actuel. C'est donc dans le mythe seulement que l'on peut chercher une
source de notre texte; la résistance de cette source à la rédaction est assez
forte pour que l'on puisse conclure qu'il s'agit d'une source écrite, mais
l'emprise de la rédaction est assez déterminante pour que l'on ne puisse
reconstituer cette source dans tous ses détails avec certitude et précision.

4. Si l'on étudie la doctrine actuelle de l'écrit comme un tout, il
est donc permis cependant, pour la forme générale du mythe et pour
certains développements qu'il contient, de chercher à remonter au-delà.
Certains passages peuvent permettre une double lecture : l'une au ras
du texte, rapportée à son ensemble; l'autre, que l'on pourrait appeler
archéologique, renvoyant à un état antérieur du mythe. Mais alors
que la première lecture va de soi, la seconde devra toujours être prouvée.

II. La doctrine

1. Dieu

L'ExAm n'a de discours sur Dieu qu'implicite et subordonné à son
propos, qui est d'exposer une doctrine de l'âme. L'appellation ordinaire
de Dieu est *Père* : le mot apparaît 12 fois[79] dans la section narrative,
à l'exclusion de tout autre, sauf dans les citations où l'on trouve régulièrement «Seigneur» ⲡϫⲟⲉⲓⲥ, correspondant au κύριος de la LXX,
et 1 fois «Dieu» ⲡⲛⲟⲩⲧⲉ; il se rencontre 2 fois au début de la
section parénétique pour être remplacé par «Dieu» (4 occurrences) dans
les deux dernières pages de l'ouvrage. Dieu est donc bien Dieu, et
identifié au Seigneur de la Bible; mais dans les couches les plus originales
de l'écrit, comme aussi sans doute dans les plus anciennes, il est nommé
et conçu comme Père.

De qui est-il Père? De l'âme, ou des âmes invitées à le prier. Deux
fois le possessif est employé pour dire qu'il est père de l'âme[80] mais

---

[79] Ajouter une treizième occurrence conjecturale, 132,32 et un emploi du mot
ⲉⲓⲱⲧ pour désigner le «père terrestre» en antithèse avec le «Père céleste», 133,25.
[80] 127,35; 133,27.

toutes les fois qu'il intervient, c'est dans son rapport à l'âme. C'est auprès de lui qu'elle demeure dans l'état androgynique originaire[81] (aucun effort n'est fait pour remonter au-delà : le rapport père/ androgyne, ou père/fille-fils, est posé dès le départ); c'est auprès de lui qu'elle retourne au terme du salut[82] lorsque précisément elle reçoit de lui le divin[83]. Mais le Père est présent à toutes les étapes du processus salutaire. Il visite, regarde, voit les dispositions de l'âme qui se repent et le prie[84]; il lui fait miséricorde[85], la purifie en retournant sa matrice, lui envoie son époux-frère : c'est par la volonté du Père qu'elle rêve de l'époux[86] et que l'union s'accomplit[87], c'est du Père que l'âme reçoit le divin[88]; elle le bénit[89].

La section parénétique va développer particulièrement les qualités divines en rapport avec la prière pénitente à laquelle sont invités les destinataires du traité, à savoir la perception et la miséricorde : le Père entend ou écoute l'âme qui l'invoque[90], il sonde le cœur de l'orant[91]; il envoie la lumière salutaire[92] car il est bon, philanthrope[93], longanime et grandement miséricordieux[94]. Tout concourt à décrire un Dieu prêt à répondre au repentir en déployant un processus salutaire dont il est entièrement l'auteur (remarquable est à cet égard la référence faite à «la volonté du Père» chaque fois qu'un autre acteur — l'âme ou le sauveur — doit intervenir dans la logique du récit). Le Père, origine et fin de l'âme, opère son salut; rien n'est dit sur lui, hors cela.

Ce Dieu Père et Sauveur est clairement identifiée au Père dont parle Jésus en Jn 6, 44[95] et au Dieu de l'Ancien Testament, qui a fait sortir Israël d'Egypte[96]. L'utilisation des textes bibliques allégués donne à ce fait un caractère massif. Toutefois, si l'on peut sans peine reconnaître le Père de l'ExAm dans le Dieu qui reproche à l'âme sa prostitution, qui

[81] 127,23; 133,4.
[82] 134,10-11.15, dont on peut rapprocher 129,1-2.
[83] 134,9.
[84] 128,26-28.
[85] 131,19.
[86] 132,21-22.
[87] 134,5-6.
[88] 134,9.
[89] 134,26.
[90] 135,25-26; 137,23-24.
[91] 136,23-25.
[92] 135,28-29.
[93] 135,27-28.
[94] 137,24-25.
[95] 135,1-4.
[96] 137,11-15.

écoute sa prière et la sauve, certains traits des citations bibliques sont
en dissonance avec la pensée de l'écrit; le plus évident est la représentation de Dieu comme époux[97] alors que pour l'ExAm, ce Dieu n'est que
Père, et le rôle d'époux est tenu par le double céleste de l'âme, fils de
Dieu avec elle et comme elle.

Cette identification au Dieu vétérotestamentaire est d'autant plus
remarquable que la représentation de Dieu s'inscrit dans une pensée
dualiste qui exclut que ce Dieu puisse être créateur. Dieu en effet est
«en haut»[98]; monter au ciel et monter auprès du Père sont synonymes[99].
Sans doute cette opposition de l'en haut et de l'en bas, bien que classique
dans le gnosticisme, est-elle un lieu commun beaucoup plus répandu
et qui ne suffit pas à établir un dualisme anticosmique; même l'opposition
entre «être auprès du Père» et «venir en cette vie, tomber dans un
corps»[100] peut s'entendre d'un dualisme tout platonicien; mais par
ailleurs la dévalorisation et le refus des réalités terrestres et sensibles
est radical[101] au point que l'on peut dire que c'est l'exercice de la
sexualité qui est cause de la chute de l'âme[102]: l'en bas terrestre est
donc opposé de façon irréconciliable à l'en haut céleste qui est le lieu
de Dieu, et le langage de l'*Exégèse* ne permet pas de penser qu'il puisse
en venir de quelque manière. Le terrestre ne peut qu'être attribué à
un créateur distinct du Père, et considéré de façon négative; mais
celui-ci n'apparaîtrait pas dans le texte sans une difficulté introduite par
la citation du Ps 44, 11-12[103]: pour illustrer que la réunion de l'âme à
son époux implique la répudiation de ses attachements antérieurs, il
est fait appel à ce chant nuptial où la fiancée est invitée à oublier «son
peuple et la maison de son père»; or il se trouve que les termes de
maison et de père ont déjà été utilisés pour désigner la plénitude
première que l'âme avait abandonnée dans sa chute. Un commentaire
s'impose donc. Si le peuple est sans peine identifié à la foule des
amants, le père doit apparaître comme un rival du Père véritable:
«elle oublie la maison du père terrestre auprès duquel elle était dans
une condition misérable, et elle se souvient de son Père qui est aux
cieux». Sans doute ce dédoublement du père est-il appelé par la

---

[97] 129,8-11.23-26; 130,9.
[98] 128,27.
[99] 134,14-15.
[100] 127,25-26.
[101] 130,19-28.
[102] 137,5-11.
[103] 133,15-28.

nécessité d'intégrer harmonieusement le verset cité; il n'en reste pas moins qu'il est pensable pour l'auteur d'opposer le monde céleste et le terrestre comme relevant de deux pères différents et antagonistes. Encore faut-il noter que cet antagonisme reste la projection d'une expérience subjective : comme le Père d'en haut, celui d'en bas n'est mentionné que dans son rapport à l'âme, parce qu'elle vit misérablement auprès de lui et est appelée à s'en détourner.

La conception de Dieu est tout à fait écartée de la spéculation philosophique et essentiellement religieuse; elle exprime une expérience spirituelle, celle du rapport de l'âme à son origine et à son salut, vécue dans le désir, la prière et la confiance : Dieu est le Père de l'âme. Il n'est pas le Dieu du monde; on ne rencontre pas davantage ici de spéculation philosophique, mais un dualisme pratique, un dédoublement de Dieu qui procède d'une vision négative du monde : la haine du monde et de la condition mondaine accompagnent le désir du divin. Ce Dieu de l'expérience est sans peine identifié au Père du Nouveau Testament; il l'est de façon plus surprenante au Dieu vétérotestamentaire, bien qu'il ne soit pas le démiurge.

2. LE SAUVEUR ET LE CHRIST

A. Le véritable auteur du salut est le Père; il est le sujet de la plupart des actions salutaires et même la descente de l'époux et sa réunion à l'âme adviennent «par sa volonté»[104]. Toutefois, en-dessous du Père, apparaît l'époux-frère de l'âme, jouant lui aussi un rôle dans le processus salutaire, par sa descente vers l'âme et sa réunion à elle, qui la féconde : c'est pourquoi il est aussi présenté comme auteur du salut : «lors donc qu'elle sera renouvelée, elle s'élèvera, bénissant le Père et son frère par qui elle a été sauvée»[105].

Il est donc légitime de considérer cet époux-frère comme un sauveur. Il n'est, comme le père, pensé que dans sa relation à l'âme et les seuls mots qui servent à le désigner, premier-né, frère et époux, sont des titres de parenté avec l'âme qui indiquent la connaturalité avec elle et l'union originelle, rompue et finale. Il est d'ailleurs indiscernable de l'âme même dans l'union originelle, puisque le couple qu'il forme alors avec elle est un seul être androgyne : l'image du couple et celle de

---

[104] 132,7-8.24; 134,5-6.
[105] 134,25-26. L'antécédent de «par qui» est le frère seul.

l'androgyne sont interchangeables pour désigner ce qui existe au début.

Cependant la descente de l'époux et son union à l'âme relèvent de l'initiative du Père lui-même et n'épuisent d'ailleurs pas la liste des interventions salutaires : le retournement de la matrice, qui est purification et baptême de l'âme et peut, si l'on sort de la projection chronologique, se comprendre comme une des descriptions du salut, n'est en rien l'œuvre de l'époux : il n'est donc que partiellement le sauveur, et ne porte pas explicitement ce titre.

C'est aux doctrines valentiniennes de la syzygie que fait naturellement penser cette conception du couple primordial restauré et fécondé dans le salut ; et si l'âme mythique de notre *Exégèse* offre plus d'un trait commun avec la Sophia valentinienne, il est permis de rapprocher son sauveur ou conjoint du Sauveur ou du Christ des valentiniens ; mais n'est-ce pas se situer en amont de l'actuelle rédaction, dans un mythe de l'âme développé pour lui-même, alors que nous avons affaire ici à une exhortation adressée à des individus concrets, invités à se repentir «de toute leur âme»? Dans le cas présent, le double céleste de l'âme se rapprocherait davantage des anges dont parle l'EvPhil, ou des anges du Sauveur[106] et ne pourrait plus être identifié au Sauveur lui-même. Cette considération (en raison notamment de 134, 25-28 cité ci-dessus) fait pencher pour un récit mythique où Psyché est proche de Sophia ; il n'empêche que l'ambiguïté demeure et que le texte est fort timide lorsqu'il s'agit d'identifier l'époux au sauveur.

B. Seul le dossier d'attestations scripturaires contient des éléments explicitement chrétiens. En aucun cas le frère-époux n'est, même allusivement, rapproché du Christ ; on peut même dire que si ce Christ peut se voir assigner un rôle particulier dans le processus de salut décrit par le mythe (ce qui est très conjectural), c'est précisément à propos d'un événement (le baptême) où l'époux n'intervient pas.

Ceci doit nous conduire à une certaine réserve lorsqu'il s'agit de désigner l'époux comme sauveur (à l'étape, toujours, de la rédaction actuelle). «Sauveur» est en effet le titre donné explicitement au Christ lorsqu'il est fait mention de ses apôtres ou lorsque sont alléguées ses paroles telles qu'on peut les trouver dans les Évangiles canoniques[107] ; le titre dans ce cas apparaît quelque peu parallèle à celui de «Prophète»

---

[106] EvPhil § *26*, 58, 11-14 ; *61*, 65, 23-25. Irénée, *Adv. Haer.* I, 4, 5 ; I, 7, 1 ; I, 13, 6 ; *Exc. Theod.* 53, 3 ; 64.

[107] 130,29 ; 134,35 ; 135,16.

donné aux auteurs de l'Ancien Testament et de «Poète» donné à Homère. La christologie que l'on peut tirer de là est assez maigre : on observera seulement que le titre de Sauveur est donné au Christ alors que l'on cite son enseignement, qu'il est en série avec les titres de Prophète et de Poète, liés eux aussi à la parole, et que les apôtres du Sauveur sont pareillement cités pour leur enseignement. Rien d'autre n'est montré du Sauveur que le fait qu'il enseigne; cela n'exclut pratiquement aucune christologie, et est, par exemple, compatible avec la vision d'un Sauveur-révélateur gnostique.

Quant au nom de «Christ» il apparaît une fois — toujours dans le dossier des arguments scripturaires —, lorsqu'est évoquée la prédication pénitentielle du Baptiste : «C'est pourquoi avant que paraisse le (littéralement : avant la Parousie du) Christ, vint Jean, annonçant le baptême du repentir»[108]. Le terme de ⲡⲁⲣⲟⲩⲥⲓⲁ a nécessairement un sens religieux, fort, et s'oppose au simple ⲉⲓ employé pour Jean; il peut désigner cependant non le retour glorieux, mais l'existence terrestre du Christ, considéré comme un être d'origine céleste[109].

Peut-on pousser davantage l'opposition en parallélisme du Christ et de Jean? Jean *vient*, prêchant le baptême du repentir; le Christ a une *parousie*; il est clair qu'il suit le repentir considéré comme préalable, et qu'il est directement lié au salut donné par le Père. Or le passage du repentir de l'âme au processus salutaire s'opère précisément dans ce que l'ExAm identifie comme un baptême, à savoir le retournement de la matrice de l'âme de l'extérieur (sensible) vers l'intérieur (intelligible), purification de tout ce qui est terrestre et étranger. Ce qui permet d'établir les correspondances suivantes :

avant : Jean : *venue* (annonce) baptême de repentir;
ensuite : Jésus : *Parousie* (opère) baptême de l'âme (retournement, purification).

Bien que le frère-époux ne joue aucun rôle dans le retournement de l'âme du sensible vers l'intelligible, il semble pourtant que ce «baptême» spirituel soit, par le jeu du parallélisme, attribué au Christ. Rien non plus ici qui ne puisse s'accorder avec l'image d'un sauveur gnostique porteur d'une révélation qui détourne les hommes de ce monde pour les ramener, par la gnose, en haut, c'est-à-dire aussi au dedans.

Bref, si le récit du mythe de l'âme ne recèle aucune christologie et connaît (sans jamais le désigner comme tel) un sauveur réduit à ses

---

[108] 135,22-24.
[109] Cf. commentaire *ad loc.*

fonctions essentielles, les attestations scripturaires en appellent au Christ des Évangiles comme au Sauveur, porteur d'un enseignement, et dont la «Parousie» (qui désigne son apparition terrestre) appartient au temps du salut, et non du repentir préalable. Ce salut apporté par le Christ pourrait être l'ensemble du processus salutaire décrit dans la section mythique; mais il est permis, en raison surtout des allusions baptismales, d'y voir la purification de l'âme par son retour à l'intérieur. Le rédacteur de l'ExAm intègre donc assez mal les deux sotériologies qu'il transmet : l'une, rudimentaire, d'allure valentinienne; l'autre, quoique discrète, relevant d'une foi christologique compatible avec la vision du monde gnostique; entre ces deux sotériologies il n'y a pratiquement pas de point de contact, même verbal, sinon précisément dans la notion de salut : l'acte de sauver (ογχλει) attribué au frère-époux correspond au titre de cωτηρ régulièrement donné du Christ (et pourrait, dans un substrat grec, être le verbe σῴζειν). Est-ce à dessein que notre auteur a refusé une harmonisation qui dans le valentinisme s'est pourtant opérée sans peine? Il est plus simple de penser d'une part que la considération du Sauveur n'est pas pour lui primordiale, puisqu'il met tout l'accent sur les rapports entre l'âme et le Père; et d'autre part que la christianisation du texte est superficielle, plus occupée d'argumentation que de synthèse.

3. L'âme

Comme le titre le marque clairement, tout l'écrit constitue un traité de l'âme. Cependant, bien que dans la section parénétique il soit encore question de l'âme, soit de celle des auditeurs et de l'auteur reprises dans un «nous» rhétorique, soit exceptionnellement de cette âme — au singulier — dont parlait la première partie du texte, c'est dans cette première partie, narrative et didactique, que se trouve surtout exposée la doctrine de l'âme, sous la forme d'un récit mythique appuyé de commentaires.

A. *Les péripéties du mythe*

a. La situation et l'état originaires de l'âme

Il n'est pas question de l'origine de l'âme; mais la fréquente référence à son Père, comme le nom de frère donné à l'autre composant de l'unité androgynique première, indique nettement une origine par filiation : c'est dans son être céleste et androgynique que l'âme est fille de cette puissance apparemment ultime, parfois aussi appelée Dieu et, dans son rapport à elle, presque toujours appelée Père.

L'âme est donc considérée lorsqu'elle existe déjà : elle est alors auprès[110] du Père, et dans sa maison[111] : ce lieu est opposé à la terre[112], à l'existence corporelle et à «cette vie»[113] et c'est à ce titre qu'il est qualifié de céleste[114] ; l'âme existe donc à l'origine dans un «là-bas» divin et céleste opposé à l'«ici» de la vie empirique; cette résidence est désignée comme sa maison[115] ou sa chambre virginale[116].

En effet, l'âme à l'origine est vierge[117] ; auprès du Père, elle est seule[118], androgyne[119], ou encore unie à son frère et époux[120]. Solitude, androgynie et union nuptiale sembleraient incompatibles entre elles, comme aussi la virginité et l'union ; ces métaphores donnent d'ailleurs une impression de disparate. L'impression s'efface si l'on se place au point de vue de l'âme tombée (c'est d'«ici» qu'on parle de «là-bas») : mêlée aux choses de ce monde, elle est souillée et n'est plus seule; et cependant elle est séparée de son identité véritable, fragment d'un couple rompu, dont l'unité, parce qu'elle est première, constitue un tout androgyne. Le jeu des métaphores est fonctionnel, décrivant l'objet des désirs de l'âme nostalgique. Il en va de même de la féminité de l'âme[121] et, en particulier, des développements à propos de sa matrice[122] ; ces assertions sont peu compatibles avec la représentation de l'androgyne; mais elles le sont avec la représentation du couple initial, dont elles font par là-même apparaître la fonction complémentaire par rapport à l'androgyne : alors que l'androgyne est immuable, on peut se représenter la rupture et la reconstitution du couple. L'âme est donc décrite comme femme et épouse à l'origine, pour pouvoir être décrite comme séparée et comme passive : cette utilisation de l'image de la féminité repose tant sur l'anatomie de la femme que sur sa situation sociale. En introduisant dès le début du traité la mention

[110] ⲈⲀϨⲦⲚ̄, 127,23; 133,4.
[111] 132,21.
[112] 133,26.
[113] 127,26.
[114] 133,28.
[115] 128,36; 129,5; 137,1.11.
[116] ⲠⲀⲢⲐⲈⲚⲰⲚ, 129,1.
[117] 127,24.
[118] 127,23.
[119] 127,24.
[120] 132,20-21; 133,3-6.
[121] 127,21.
[122] 127,22; 131,19-31.

de la féminité de l'âme, son auteur annonce déjà la chute et la condition
terrestre; pour lors, solitude, virginité, androgyne et couple constituent
la description de ce qui va être menacé par la féminité de l'âme et
compromis par la chute : l'unité en soi, dans le monde divin séparé de
tout ce qui est le monde d'en bas.

b. La chute et la condition terrestre

Les causes et les circonstances de la chute ne sont pas relatées;
elle est simplement décrite en termes de mouvement avec l'origine et le
terme : l'âme quitte sa maison[123], fuit sa chambre virginale[124], vient
en cette vie[125]; elle tombe de la maison de son Père[126] dans un corps[127].
Cette chute que rien ne cause (ni faute antérieure dont elle serait le châtiment, non plus certes que la mission de perfectionner la création infé-
rieure), mais que la féminité de l'âme rend possible, est le mal lui-même,
que l'âme va confesser dans son repentir[128], en même temps que la
cause des maux que dès lors elle devra subir[129]. La chute elle-même
n'est d'ailleurs racontée qu'en fonction de ses conséquences : «lorsqu'elle tomba dans un corps et vint en cette vie, alors elle tomba aux
mains de nombreux brigands etc.»[130].
L'âme tombée dans le corporel va donc subir l'assaut d'amants
adultères qui usent de force[131] ou de ruse[132]. Elle est donc passive[133]
et est dans l'illusion[134]; la perte de sa virginité[135] n'est pas, contrairement à ce que l'imagerie initiale donnerait à penser, identifiée à la chute
en tant que telle, mais est sa conséquence; conséquence inéluctable
cependant, dès lors que l'âme a quitté sa chambre virginale. La souillure
qui l'atteint est donc nécessaire, parce qu'imprimée de l'extérieur[136].
Le texte décrit complaisamment cet adultère involontaire de l'âme,
dans des termes qui ne le rendent guère plaisant, et certainement moins

[123] 128,36; 129,4-5.
[124] 129,1.
[125] 127,26.
[126] 132,20-21.
[127] 127,25-26.
[128] 128,35-129,1.
[129] Cf. 129,4-5.
[130] 127,25-27.
[131] 127,27-28.30; 128,9.
[132] 127,30-31; 128,13-16.
[133] Elle est souillée, au sens passif: 127,29.
[134] 128,2-3.13-16; 130,27-28.
[135] 127,30-128,1.
[136] 131,30-31.

que dans les citations de prophètes amenées à l'appui de ce récit; il n'empêche que l'âme trompée manifeste quelqu'activité, courant[137], se livrant[138], s'unissant à ses partenaires de rencontre[139].

La honte et la douleur qui déjà sont présentes dans l'adultère[140], se révèlent avec toute leur intensité lorsque l'âme est abandonnée par ses amants : elle se retrouve veuve, pauvre, abandonnée, sans ressources, n'ayant pour appui que des enfants débiles, pour richesse que ses souillures[141]. Cette péripétie ne signifie nullement que l'âme, après s'être trouvée bien avec des amants brutaux et fourbes, se trouverait mal du fait de leur départ : elle ne vise qu'à provoquer chez elle la prise de conscience[142] et à révéler la condition misérable qui est la sienne «dans la maison du père terrestre»[143]. D'ailleurs, quand l'âme, retrouvant son bien-aimé, pleure en sa présence «au souvenir de la disgrâce de son veuvage antérieur»[144], elle ne saurait regretter, comme on pourrait le croire[145] le veuvage où l'a laissée l'abandon de ses amants, mais bien le veuvage de celle qui, dans la chute, a perdu son véritable époux.

L'ensemble de ces péripéties décrivent donc la chute comme la venue de l'âme en ce monde, rupture d'une unité originaire qui la met à la merci de toutes les souillures et même, à cause de l'oubli et de l'illusion, l'en rendent involontairement complice; cependant, le caractère radicalement décevant de cette existence dans le monde éveille dans l'âme désir et nostalgie et lui fait prendre conscience de la souillure que constitue ce commerce des réalités «charnelles, sensibles et terrestres».

Telle est du moins la doctrine du récit. Celle des grandes citations du dossier prophétique est quelque peu en décalage, dans la mesure où elle présente la prostitution de manière plus active, et comme la trahison de Dieu, qui est époux de l'âme; mais les citations ne sont introduites là que pour étayer la doctrine de l'ExAm et être interprétées par elle. Les différences que peut présenter la section parénétique seraient plus importantes. Globalement (et notamment à travers les citations homériques et leur commentaire) la doctrine de la chute est fort proche de celle du

[137] 128,7; 131,14; 132,15-16.
[138] 128,2-4.
[139] 131,14; 132,15-16.
[140] 128,12; 131,13-16.
[141] 128,17-27.
[142] 131,17.
[143] 133,26-28.
[144] 133,11-13.
[145] Cf. 128,18-29.

récit : elle est cependant moralisée — ce qui se comprend si l'on tient compte du genre littéraire de cette section —, en ce sens que les destinataires sont invités à la détestation de leurs péchés et de la vie qu'ils ont menée [146] ; par ailleurs cette vie pécheresse semble bien consister surtout dans l'exercice de la sexualité, « la tromperie d'Aphrodite, celle qui est dans la génération de ce lieu » [147]. Encore faut-il bien voir que c'est la fonction reproductrice de la sexualité qui est ici visée, le fait qu'elle emprisonne de nouvelles âmes dans le corps.

c. Les étapes du retour

A la séquence 1. séparation, 2. chute, 3. adultère, 4. désolation, s'oppose presque symétriquement la séquence 4. repentir, 3. purification, 1. réunion, 2. retour. A l'articulation de ces deux mouvements se retrouve le repentir de l'âme, auquel répond la conversion opérée par le Père. Ces événements salutaires font l'objet du traité, et c'est en fonction d'eux qu'est déroulé le mythe ; ils seront plus loin étudiés pour eux-mêmes. Reprenons donc le fil du récit lorsque l'âme pénitente a été purifiée, c'est-à-dire retournée en elle-même.

L'image de la matrice et de la féminité fonctionne ici [148] d'une manière autonome par rapport au reste de l'ouvrage. La représentation du vide féminin, condamné à seulement recevoir, qui commandait le récit de la chute et des adultères, est ici inversée : la matrice en saillie est celle qui est tournée vers le monde, et celle qui est ramenée vers l'intérieur n'est plus celle qui reçoit du dehors, mais qui prend ses représentations au-dedans. L'arrière-fond reste pourtant semblable : tournée vers le monde, l'âme est souillée et stérile, tournée vers l'intérieur c'est-à-dire vers le divin, elle peut devenir féconde. La rupture d'image n'est donc que de surface : le retournement de la matrice prépare à l'union avec l'époux véritable et constitue une purification.

Purifiée, l'âme attend l'époux : de même qu'il y avait une distinction entre la chute et l'adultère, il y en a une entre·la purification et la réunion ; mais alors que l'adultère suivait nécessairement la chute, la réunion et le retour n'adviennent que par le vouloir salutaire du Père, et la narration, parfois un peu décousue, s'ingénie à faire durer le processus. On peut douter si cette longueur veut montrer la consistance

[146] 135,8-15.
[147] 137,7-8.
[148] 131,16-132,2.

de l'œuvre salutaire, ou ménager un pendant littéraire d'une ampleur suffisante au complaisant récit des prostitutions de l'âme.

Le point de départ est l'impossibilité pour l'âme d'engendrer seule : le Père doit donc lui envoyer son époux, qui descend vers elle [149] ; cette descente de l'époux est cependant laissée en suspens pour décrire la préparation de l'épouse (l'âme) qui se purifie, parfume la chambre nuptiale, s'y installe, guette l'époux avec la crainte de ne pas le reconnaître, et retrouve son visage dans un rêve [150]. Cette scène de préparation, qui pour ce qui est de la purification fait double emploi avec le passage sur le baptême, n'est pas exploitée par ailleurs et j'avoue ne pas lui trouver de fonction bien précise, sinon, par le rêve, de montrer que la reconnaissance liée à l'union est don divin (mais précisément «par la volonté du père» est certainement rédactionnel).

L'époux ainsi annoncé par un rêve descend dans la chambre nuptiale qu'il orne [151] et les deux partenaires s'unissent l'un à l'autre [152] ; après quoi l'âme se pare encore pour retenir son bien-aimé [153], sans doute uniquement à cause des développements où interviennent les citations bibliques ; lorsqu'elle est unie à lui, elle reçoit de lui la semence qui est l'esprit vivifiant, met au monde de beaux enfants et les nourrit [154].

Le commentaire qui suit indique que cette réunion féconde des époux est régénération de l'âme et retour en son lieu d'origine [155] ; seule la clausule qui termine la citation du Ps 102, 1-5 et l'intègre à la trame du récit [156] parle explicitement de remontée. Le retour est donc compris dans la réunion avec l'époux qui est descendu et n'est pas explicitement développé comme tel ; c'est une question oiseuse de se demander s'il précède l'union ou la suit : il se confond avec elle, tout comme la rupture se confondait avec la chute.

Dans cette seconde partie du récit, sommaire et laborieuse, c'est le processus d'union qui domine. Deux traits le caractérisent. D'une part, l'union est restauration du couple originel, comme le montrent le développement sur le rêve-mémoire et la reconnaissance de l'époux, et l'emploi des multiples «à nouveau» ; pourtant l'image de l'âme qui donne naissance à des enfants empêche la coïncidence parfaite avec la

---

[149] 132,6-10.
[150] 132,10-23.
[151] 132,23-27.
[152] 132,28-29 ; 133,6-9.
[153] 133,14-15.
[154] 133,31-134,3.
[155] 134,4-11.
[156] 134,25-28.

dyade originelle : au terme, on n'a plus un couple androgynique, mais une famille. Cela signifie-t-il que la restauration diffère de l'état originel et qu'il demeure dans l'eschatologie une trace de la chute? Je ne le pense pas, dans la mesure où cette production d'enfants est par ailleurs interprétée comme une régénération de l'âme elle-même. Surtout, cette mention des beaux enfants est commandée par le second trait caractéristique de cette union, à savoir qu'elle est décrite en antithèse avec les adultères de la première partie du récit : alors que les amants sont violents et infidèles (ⲁⲡⲓⲥⲧⲟⲥ), l'époux est véritable (ⲙ̄ⲙⲉ); alors que l'âme est toujours trompée par eux et croit sans désemparer qu'ils sont, chaque fois, son époux, elle hésite à reconnaître l'époux véritable, le reconnaît par une intervention du Père (le rêve), et cela peu à peu; alors qu'elle courait les rues et était esclave des amants sur leur couche, elle attend le bien-aimé et s'unit à lui dans la chambre nuptiale; alors que, d'un côté, elle se trouve dans les larmes, de l'autre, elle connaît la joie; enfin les enfants conçus de l'adultère sont débiles alors que ceux de la semence spirituelle sont «bons»; et si les premiers sont dans la disette avec leur mère qu'ils ne peuvent soutenir, elle nourrit par contre les seconds.

B. *Le syncrétisme du mythe de l'âme.*

a. Composantes philosophiques

Le fond de ce récit est une psychologie philosophique d'école, d'inspiration platonicienne. Le déroulement même du mythe, abstraction faite de l'ampleur relative accordée aux divers éléments, s'accorde avec les divisions classiques des traités de l'âme : la nature de l'âme; son incarnation; le sort de l'âme incarnée; l'eschatologie. Il suffit d'ailleurs pour se convaincre non d'une dépendance, mais d'une similitude de milieu et de démarche, de comparer au mouvement de notre récit cette phrase de Plotin : «L'âme, donc, par nature aime Dieu et veut lui être unie, comme une vierge, par le bel amour d'un père beau; mais parvenue à la naissance, elle est trompée par des promesses de mariage; elle passe à un autre amour, mortel, et est par violence séparée du Père; mais ayant pris en haine les violences de ce lieu et purifiée de ce qui est d'ici, ramenée enfin vers le Père, elle connaît le bonheur»[157].

---

[157] Plotin, *Enn.* VI, 9, 9, cité par W. C. ROBINSON jr, «The Exegesis on the Soul», p. 111, dans une traduction anglaise qui, en introduisant des mots comme quitter (leave), tomber (fall), honte (shame), accentue de façon illusoire les ressemblances formelles avec

La féminité de l'âme, sa passivité, la possibilité qu'elle soit fécondée par le monde sensible ou par le divin, sont des thèmes philosophico-religieux que l'on peut relever, par exemple, chez Philon ; il se trouve même, dans l'explicitation du récit, il est vrai, une notion technique comme l'autokinèse de l'âme[158] et un terme aussi abstrait que «le divin».

Bien que les sages dont le début du texte se réclame ne soient crédités que d'avoir donné son nom à l'âme, ils pourraient donc fort bien désigner une tradition platonisante qui aurait spéculé sur les origines, la chute et le retour de l'âme en exploitant la métaphore de sa féminité ; il n'est d'ailleurs pas impossible que les citations homériques et leurs interprétations fassent partie d'un tel héritage.

b. Interprétation gnostique

Tel qu'il est cependant, le mythe philosophique a pris une teinte gnostique discrète mais indiscutable. En raison de la variété des systèmes gnostiques et de leur syncrétisme avéré, il faut ici distinguer des structures de pensée que l'on s'accorde à trouver fondamentales pour qu'une œuvre puisse être qualifiée de gnostique, et des affinités thématiques plus précises avec l'un ou l'autre système connu.

Parmi les traits distinctifs d'une pensée gnostique, on peut retenir le dualisme radical, qui oppose absolument le Père d'en haut au monde d'en bas, en sorte que l'âme en ce monde ne peut connaître qu'erreur et violence ; l'initiative nécessaire et totale du Père dans le salut, puisque l'âme incarnée est incapable par elle-même de tout mouvement de retour ; en corollaire, l'ébauche du personnage d'un sauveur dans la personne du frère-époux, double céleste de l'âme ; le fait que la chute de l'âme constitue un mal en soi, sans cause ni but.

Malgré les similitudes formelles, la rupture est donc consommée d'avec une pensée philosophique qui parle certes de descente et de remontée, mais qui, ne mettant pas le mal dans la chute elle-même, ne fait pas de l'oubli une impuissance absolue de l'âme, une perte d'elle-même qui requière absolument l'initiative salutaire d'en haut. Le passage de la pensée platonisante à la religiosité gnostique est ici sensible : le durcissement du dualisme, la représentation de la chute en ce monde comme mal total, vont transformer la purification et

---

l'ExAm, mais qui par contre estompe le thème de la virginité en rendant παρθένος par «daughter».

[158] 134,8-9 : «l'âme se meut d'elle-même», au présent d'habitude.

le retour de l'âme en un processus de salut dont l'acteur unique appartient au monde céleste et dont l'instrument envoyé d'en haut, parce qu'il est le frère séparé de l'âme, témoigne que le ciel lui-même est intéressé au salut et fut lésé par la chute. En même temps qu'apparaît ainsi, quoique dans un rôle secondaire, le personnage du sauveur, la discrète allusion à un démiurge opposé au Père, le père terrestre, suggère des prémisses d'une cosmogonie gnostique.

Mais seulement les prémisses : le fait que l'âme tombe en cette vie, dans un monde déjà là dont on ne se soucie pas d'expliquer l'origine, laisse cette représentation gnostique inachevée. Le mythe n'existe qu'en son cœur, l'anthropologie, et ne se développe pas en théogonie et en cosmogonie. Certes, le caractère fonctionnel de l'écrit exclut tout ce qui ne concerne pas directement le sort de l'âme et n'a point pour but d'exciter son repentir ; cependant notre Psyché offre trop de ressemblances avec la Sophia valentinienne pour que l'on ne s'étonne pas de voir son personnage limité à l'âme humaine, individuelle ou collective.

Ceci nous mène à considérer des ressemblances particulières avec l'un ou l'autre système gnostique connu. On en a relevé deux principales : la parenté de Psyché avec l'Ennoia simonienne et avec la Sophia valentinienne. La première ressemblance se ramène à l'androgyne [159], la chute et la prostitution ; elle est accentuée par la comparaison établie entre l'âme et Hélène. La seconde est plus complète : comme l'une, sans son conjoint, ne produit qu'un avorton, l'autre, adultère, donne naissance à des débiles ; les larmes de Sophia sont proches du repentir de l'âme [160] et la descente du Christ-sauveur est très comparable à celle du frère-époux [161].

La principale différence réside dans le fait que la chute de Sophia fait partie du processus cosmogonique, tandis que celle de l'âme suppose l'existence du monde. Cela peut bien s'expliquer par le fait que la cosmogonie serait volontairement tue et que l'auteur ne retiendrait de la doctrine des syzygies que ce qui concerne les âmes humaines (Psyché devrait alors être comparée non pas à la Sophia, mais, par exemple aux « images » de l'EvPhil, séparées de leurs anges et appelées à leur être réunies) [162] ; mais cela pourrait s'expliquer aussi si l'on considère l'ExAm

---

[159] HIPPOLYTE, *Elenchos* VI, 18.
[160] Cf. ci-dessous p. 50.
[161] Voir IRENEE, *Adv. Haer.* I, 2, 4-5 ; I, 4, 5 ; ApocrJn BG 47, 3-5 et par. ; HIPPOLYTE, *Elenchos* VI, 32, 4-5.
[162] EvPhil § 26, 58, 11-14 ; 61, 23-25 cf. J.É. MÉNARD, «L'"Évangile selon Philippe" et l'"Exégèse de l'âme"», dans J.É. MÉNARD (éd.), *Les textes de Nag Hammadi* (*NHS*, 7), Leyde, 1975, p. 56-57, sp. 64-67.

comme un texte pré-valentinien, représentant un tout premier gnosticisme d'inspiration philosophique, prêt à se développer en mythes plus
étoffés.

Quoi qu'il en soit, Psyché est parente de Sophia. Mais doit-on la
compter parmi ses ancêtres ou parmi ses dérivés? Est-ce une première
ébauche de ce qui, dans la tradition, donnera naissance au personnage
de Sophia, ou est-ce au contraire une version philosophique épurée,
démythisée? Cela est difficile à décider. D'une part en effet il semble
qu'un mythe préexiste à l'ExAm telle que nous la connaissons; d'autre
part, malgré d'indéniables parentés, on ne voit pas bien comment
l'auteur, s'il avait connu le système valentinien que décrit par exemple
Irénée, ou les passages sur Sophia de l'ApocrJn aurait pu à ce point
passer sous silence toute autre donnée mythique, et conserver une
pensée d'un gnosticisme aussi primitif; il est manifestement en deçà.
Il reste qu'il puisse utiliser une forme pré-valentinienne du mythe de
Sophia, qui pourrait fort bien être simplement un mythe de l'âme.

c. Thèmes romanesques

Il ne s'agit pas ici d'aller tirer de la littérature romanesque hellénistique l'explication unique de certains détails du récit, qui ne pourraient
se comprendre qu'en dehors de l'économie de celui-ci. Il est évident
cependant que, sans perdre de vue la doctrine qu'il prétend exposer,
l'auteur se laisse aller, par moments, au plaisir de raconter au point
de faire des malheurs et de la rédemption de l'âme une sorte de petite
nouvelle. Le viol et la séduction de l'âme par des «brigands», sa fuite
vaine qui se termine dans les lits d'autres amants qu'elle n'ose plus
quitter, la description étoffée de son état d'abandon, l'attente angoissée
de l'époux qu'elle craint de ne pas reconnaître, le rêve prémonitoire, les
larmes versées lors des retrouvailles au souvenir des tribulations passées,
ont sans doute une fonction didactique et un sens symbolique; mais
le pittoresque assez vivant de ces épisodes contraste avec la discrétion
toute fonctionnelle d'autres passages, en particulier ceux qui ont trait
à l'état originel ou final. Ces pérégrinations de l'âme malheureuse et
ces retrouvailles qui la font aller de l'angoisse à la joie en passant par
des larmes rétrospectives montrent un goût pour l'action et la psychologie caratéristique de l'écriture romanesque. Psyché vit les rudiments
d'un roman d'amour et d'aventure. Mais de ce type de littérature
n'apparaissent que des traits qui peuvent servir le propos didactique
de l'écrit: le romanesque nourrit l'exposé, mais ne le commande pas;

il suffit pourtant à ce que le mythe ici raconté diffère des mythes
gnostiques ordinaires par un caractère plus humain, moins fantastique
et moins abstrait.

d. Convergences bibliques

Il se peut aussi que, malgré les différences de vocabulaire et de
perspectives, les citations prophétiques invoquées à propos de la prostitution de l'âme marquent çà et là le récit. Cela n'est pourtant pas évident; ce qui apparaît davantage c'est que, dans l'état actuel du texte,
l'insertion au milieu de l'histoire d'un important dossier d'extraits vétérotestamentaires souligne la convergence entre ce qui est dit de l'âme et
ce que « prophétise l'Esprit-Saint »; mais moins encore que les conven-
tions romasques, ces citations ne commandent la pensée de l'ouvrage.
Elles sont là à titre d'argument et, loin de fournir l'interprétation ou la
clé du récit, elles sont pour le lecteur elles-mêmes interprétées par
le récit, ramenées à sa logique (la prostitution dont parlent les prophètes
est le commerce avec les réalités sensibles et terrestres).

Le texte forme un tout et la présence de citations bibliques pour illustrer le récit marque une convergence voulue; mais cette convergence
joue au détriment des citations, qui seules sont infléchies. Elles doivent
être considérées comme secondaires, logiquement sinon même chronologiquement. Psyché ne doit pas grand chose aux prophètes.

C. *Conclusions*

La doctrine de l'âme nous montre une psychologie platonisante qui
tourne en religion gnostique par le durcissement d'un dualisme pessimiste :
l'âme ne doit plus s'élever vers Dieu mais être sauvée par lui. Cette doctrine se trouve en consonnance avec les doctrines valentiniennes de la
syzygie, et son exposé rappelle plusieurs fois le mythe de Sophia; il est
probable qu'il faille la situer dans une sorte de prévalentinisme où
le mythe gnostique se dégage de représentations philosophiques, soutenu
par des schèmes romanesques.

Cette histoire de l'âme sert de support à une parénèse qui la parti-
cularise en l'appliquant à ses destinataires (en même temps qu'à son
locuteur) et la moralise, en centrant l'intérêt sur le repentir et la supplication. Cette doctrine marque également l'exposé du mythe sans pour
autant en effacer les autres dimensions : comme les argumentations
bibliques dont elle est littérairement inséparable, elle apparaît donc
aussi comme un développement; mais ce développement détermine
la cohésion globale du texte.

4. Le repentir et la conversion

L'exhortation au repentir et à la prière pour la conversion peut être considérée comme la forme unifiante de l'écrit; c'est l'unique préoccupation de la parénèse; mais la doctrine qu'elle suppose affleure déjà, à plusieurs reprises, dans l'exposé qui la précède. Cette doctrine est assez constante pour qu'il soit possible d'en dégager les principales articulations.

A. La *situation initiale*, par rapport à l'ensemble de ce processus, est une situation d'aliénation résultant d'une chute[163], décrite aussi comme fuite[164] ou simplement départ[165] et venue en cette vie[166] : l'image renvoie au mythe et se retrouve seulement dans la section narrative. Il faut cependant y ajouter l'idée d'abandon[167] dans les paroles d'Hélène et leur commentaire, qui font partie de la section parénétique.

Cette situation aliénée est caractérisée de diverses façons, avec des différences d'accentuation entre les deux sections de l'écrit. Dans le récit, l'âme est souillée[168] d'une souillure extérieure[169] due au contact des réalités charnelles, sensibles et terrestres[170]; cela constitue une perte de virginité et un état de prostitution[171]. Elle est dans l'illusion[172], connaît la honte[173] et le déshonneur[174], vit dans les passions[175] et le tourment du désir[176]; de là ses souffrances[177], son veuvage[178] et son indigence[179] : elle est dans une condition misérable[180]. Sont explicitement objet de repentir ou d'aversion : la prostitution[181],

[163] 127,25; 132,20-21.
[164] 129,1.
[165] 128,36; 129,5.
[166] 127,26.
[167] 137,4-6.
[168] 127,32; 128,22; 132,12.
[169] 131,30; cf. aussi 131,20.
[170] 130,20-28, dans le commentaire du dossier exégétique.
[171] 127,32-138,1; prostitution : 128, l. 30 et passim dans le dossier exégétique, particulièrement 130,28-131,2.
[172] 128,13; cf. 128,3-4. On peut y joindre le motif de l'oubli : 132,19-20.
[173] 128,13.
[174] ἀσχημοσύνη 128,29; 133,12.
[175] 128,29.
[176] 132,31-32.
[177] 128,4; 131,15-17.
[178] 128,17; 133,18.
[179] 128,17-20.
[180] 133,27.
[181] 128,30.

les passions[182], le déshonneur[183] et le veuvage[184], la souffrance[185], les réalités extérieures[186] et le tourment du désir[187]. Dans la parénèse, il est question — en série — de péchés, erreur et zèle vains, obscurité et tempête, la vie que nous avons menée, notre condition actuelle[188]. Observer que l'erreur et la vanité sont sans doute reprises sous l'influence des citations[189] et qu'il y a insistance sur l'erreur[190] et la tromperie[191]. Toutes ces réalités sont explicitement objet de détestation et d'*a-versio*.

Dans le récit, les registres de la souillure, de la prostitution, de la honte, de la passion et du malheur visent directement l'existence terrestre et le champ de l'extériorité; dans la parénèse, d'où pareille conception n'est pas absente, la notion de péché est clairement introduite, avec celle de comportement : le passage au « nous » s'accompagne d'une moralisation de la pensée; noter toutefois que la pointe reste anticosmique, puisque ce qui est reproché à l'excercice de la sexualité (la tromperie d'Aphrodite), c'est de perpétuer « la génération de ce lieu »[192].

B. La phase de la *prise de conscience* (αἰσθάνεσθαι) n'est mentionnée que deux fois dans les multiples passages qui font allusion au processus de la conversion; la première fois, dans la suture qui recommence le récit après le dossier exégétique : l'âme perçoit les souffrances dans lesquelles elle se trouve avant de pleurer et de se repentir[193]. La seconde fois, « nous » sommes invités à prendre conscience de l'erreur et du zèle vains où nous étions[194]; cette prise de conscience est mise en série, sans qu'il y ait de séquence chronologique, avec les sanglots, le repentir, la confession, les larmes et les lamentations, et les objets de ces différentes attitudes sont à peu près interchangeables. La prise de conscience porte donc sur une réalité douloureuse et est directement

---

[182] 128,29.
[183] 128,29; 133,12.
[184] 133,19.
[185] 131,17.
[186] 131,20.
[187] 132,31-32.
[188] 135,8-15.
[189] 135,32; 136,8.
[190] 136,27 : « le lieu de l'erreur ».
[191] Passages homériques : 136,30-31; 137,2-3.7.
[192] 137,7-8.
[193] 131,16-17.
[194] 135,10-17.

liée aux larmes et au repentir, qu'elle provoque ou auxquels elle s'identifie. On ne peut dire qu'elle fasse l'objet d'une insistance particulière.

Il en va de même pour la *confession* (ἐξομολογεῖν) des péchés, en série avec les verbes de détestation et précédant curieusement la prise de conscience[195]. Les péchés confessés doivent être entendus au sens gnostique qu'indiquent les autres compléments de cette série de verbes. Pareille confession est d'ailleurs évoquée, semble-t-il, dans le récit du mythe, où l'âme affligée prie le Père et lui confesse (littéralement lui rend compte, †λογοс) qu'elle a quitté sa maison. Observer qu'ici aussi l'ordre auquel on pourrait s'attendre est bouleversé, puisque la confession apparaît après la déploration et dans l'invocation au Père.

C. La *déploration* et le *repentir*. La phrase de conclusion de l'ExAm[196] montre que l'exhortation porte essentiellement sur le repentir (μετανοεῖν, μετάνοια). Il ne s'agit pas à proprement parler de la conversion, mais plutôt d'une attitude de vive contrition, de déploration : «La *metanoia* advient dans (ou : par) le chagrin et l'affliction»[197]. Le verbe μετανοεῖν est employé six fois dans l'écrit; quatre fois il est directement lié au verbe «sangloter»[198], une fois à «pleurer»[199]. Aucun autre emploi ne suggère un sens plus large que cette déploration violente; la séquence des termes sanglots ou larmes d'une part, *metanoia* d'autre part, est caractéristique de l'écriture de l'ExAm. Elle n'est pas empruntée aux citation scripturaires : la seule citation approchante est celle d'Is 30, 15 : «si tu te convertis et que tu sanglotes, tu seras sauvé»[200], où précisment, l'ordre est inverse (conversion/sanglots) et où le verbe employé pour désigner la conversion est le copte κτο, qui correspond au grec (ἀπο)στρέφειν employé par la LXX, et non à μετανοεῖν, et qui a dans l'ExAm un sens différent de celui-ci.

Dans le récit comme dans la parénèse, le repentir apparaît à un moment-clé, puisqu'il marque le moment où l'histoire change de sens, le préalable ou la condition du processus salutaire[201] : c'est donc en rigueur de terme qu'il est dit «commencement (ἀρχή) du salut»[202].

---

[195] 135,9-10.
[196] 137,22-25.
[197] 135,25-26.
[198] αϣελζομ : 128,5-6.28-30; 135,8; 137,9-10.
[199] ριμε : 131,18-19.
[200] 136,6-7.
[201] 128,28-30; 131,18-19; 137,9-10.20-23.
[202] 135,21-22.

Les sanglots ou les larmes qui l'accompagnent, et qui parfois sont cités seuls[203], se retrouvent abondamment dans les citations scripturaires de la parénèse[204], voire dans la «citation» homérique à propos d'Ulysse[205]. ⲁϣⲉϩⲟⲙ et ⲣⲓⲙⲉ sont employés l'un pour l'autre, mais le rédacteur semble marquer une préférence pour le premier, plus dramatique.

Le vocabulaire de la déploration ne se limite pas à ces deux mots ; on trouve aussi dans la section parénétique : se lamenter[206], se haïr[207], le chagrin[208] et l'affliction[209].

D. L'*invocation* et la *prière* (ⲙⲟⲩⲧⲉ ⲉϩⲣⲁⲓ ⲉ-, ⲣⲉⲡⲓⲕⲁⲗⲉⲓ ⲉϩⲣⲁⲓ ⲉ-, ϣⲗⲏⲗ, ⲡⲣⲟⲥⲉⲩⲭⲉⲥⲑⲁⲓ ⲉ-).

Les larmes du repentir s'accompagnent d'une invocation adressée au Père ou à son nom[210], et c'est tournée vers le Père que l'âme verse des larmes[211]. La parénèse décrit longuement les sentiments qui accompagnent cette invocation[212] : larmes, sanglots et détestation de la situation présente dominent cette description, qui comporte aussi la confession des péchés et la détestation de l'erreur.

La prière est donc pénétrée de componction. C'est dans le récit pourtant que le contenu de l'invocation au Père va être davantage précisé, puisqu'une formule est mise dans la bouche de l'âme, impliquant la confession de la chute[213] et l'appel à l'aide[214] qui est demande explicite de la conversion[215].

Par deux fois, la parénèse va insister sur la sincérité nécessaire (ϣϣⲉ) de cette prière. Dans le premier passage, elle doit être de toute l'âme, c'est-à-dire sincère et intérieure[216] : dans le second elle s'impose comme continue[217] et dépourvue d'hypocrisie, à peine d'être

---

[203] P. ex. les larmes rétrospectives de l'âme quand son époux la rejoint, 133,11-12.
[204] Is 30, 15.19-20 ; Ps 6, 7-10.
[205] 136,29 ; voir le commentaire *ad loc.*
[206] πενθεῖν, 135,13, induit sans doute par la citation de Mt 5, 4 en 135,17.
[207] ⲙⲟⲥⲧⲉ, 135,14.
[208] λύπη, 135,25 ; cf. 136,29.
[209] ⲙ̄ⲕⲁϩ ⲛ̄ϩⲏⲧ, 135,26.
[210] 128,30-34.
[211] 131,18. Comparer avec l'image d'Israël en Egypte, 137,30-34.
[212] 135,4-15.
[213] 128,35-129,1.
[214] 128,34-35.
[215] 129,1-2.
[216] 135,4-8.
[217] Jour et nuit, 136,17.

illusoire[218]. Noter que cette seconde exhortation à la prière diffère quelque peu du reste de l'écrit, en ce qu'elle use d'un vocabulaire particulier (ⲡⲣⲟⲥⲉⲩⲭⲉⲥⲑⲁⲓ, Dieu au lieu de Père) et suggère, quoique de façon peut-être seulement oratoire, l'attitude liturgique des mains tendues[219], alors que la première, tout en faisant mention de la prière vocale, en marquait clairement l'insuffisance.

Le récit, en racontant comment le Père entend la prière et, dans sa miséricorde, y répond[220] fonde les développements rhétoriques qui appuient la prière sur la certitude de la philanthropie divine qui écoute et exauce l'orant[221]; les citations scripturaires des deux dernières pages expriment et soutiennent largement cette idée[222].

E. Le *retournement* : *aversion* et *conversion* (ⲕⲧⲟ, ⲧⲕⲧⲟ)

La conversion conçue comme retournement (se détourner de/se tourner vers) se distingue très nettement du repentir, en ce qu'elle est œuvre de la miséricorde du Père, et non de l'âme ou de ceux («nous») auxquels s'adresse l'exhortation. Cela est bien exprimé dans l'image du retournement de la matrice : pour faire miséricorde à l'âme le Père détourne (ⲕⲧⲟ ⲉⲃⲟⲗ) sa matrice des réalités extérieures et la retourne (ⲡⲁⲗⲓⲛ ⲕⲧⲟ) vers l'intérieur[223]. C'est pourquoi l'âme demande à être retournée vers le Père[224], c'est pourquoi aussi Hélène est ramenée (littéralement «retournée») à sa maison[225]. Dans tous les cas, la conversion n'est pas seulement retournement, mais aussi retour en l'état originaire, ce qu'exprime le «à nouveau»[226]; on peut donc joindre à ces attestations celles où il est question de retour, toujours au passif[227].

Le premier moment du retournement, celui de l'aversion, est cependant présenté à plusieurs reprises comme opéré par l'âme elle-même; mais cela ne contredit pas la première assertion.

Deux situation se présentent ici : d'abord, il est dit que l'âme détourne son visage de ses amants adultères, pour courir aussitôt vers

---

[218] 136,20-22.
[219] 136,17-18.
[220] 129,2-4; 131,16-19.
[221] 135,26-29.
[222] Pseudo-Ez : 136,1-4; Is 30, 19 : 136,9-11; Ps 6 : 137,20-22, qui joint en une seule phrase larmes, prière, exaucement.
[223] 131,19-21; formulation passive peu après, en 131,27-29.
[224] 129,1-2.
[225] 137,9-11.
[226] ⲡⲁⲗⲓⲛ, ⲛ̄ⲕⲉⲥⲟⲡ : 129,1; 131,20; 132,1-2.
[227] 134,10-11; 136,35-36.

d'autres[228] : cette rupture est vaine, précisément parce qu'elle est œuvre de l'âme tombée, dans son état d'aliénation, et non celle du Père; ce qui prouve, par contraste, que l'âme ne peut se tourner elle-même vers le Père ou vers sa condition originelle, puisque cet essai de conversion la ramène au même point.

Ensuite, dans le commentaire du Ps 44,11-12, l'âme détourne son visage de son peuple et de ses amants adultères pour être attentive (ⲡⲣⲟⲥⲉⲭⲉ) à son seul roi, son seigneur naturel (133,20-25); ici aussi il s'agit d'un retour, puisque le roi auquel l'âme est attentive est son seigneur naturel. Mais surtout l'initiative du Père reste présente : le Psaume cité est un appel («écoute ma fille») et si l'âme détourne son visage, c'est parce que le Père l'exige d'elle ou l'en rend digne (ⲛⲣ̄ⲁϩⲓⲟⲩ). L'attention, comme expression de la conversion, se retrouve peut-être aussi dans la phase intermédiaire où l'âme, purifiée par le retournement abandonne sa prostitution[229] et s'établit dans la chambre nuptiale pour y guetter la venue de l'époux[230]; mais dans ce cas, si l'initiative du Père n'est plus suggérée, c'est parce que le processus de salut est déjà commencé et l'âme déjà retournée. L'abandon de la prostitution, tout comme l'attention à la venue de l'époux sont présentés comme des états[231].

Sur ce point de la conversion, les conceptions de l'écrit se séparent tout à fait de celles des citations bibliques invoquées, où l'aversion n'intervient pas et où l'âme (ou l'épouse adultère) se tourne toujours elle-même vers Dieu[232]. Particulièrement significatif est le passage déjà mentionné : «si tu te convertis et que tu sanglotes, tu seras sauvé»[233] où la conversion, comme initiative humaine, est à la place du repentir avec lequel l'ExAm ne la confond jamais dans ses parties rédactionnelles.

F. La *doctrine de la conversion* dans l'ExAm distingue donc nettement deux processus, dont les auteurs sont différents. Le premier est celui de la *metanoia* ou repentir qui suppose une prise de conscience et implique une vive déploration, la confession de l'état aliéné et la supplication adressée au Père. Comme telle, cette *metanoia* suppose une rupture d'avec les réalités charnelles; mais cette rupture n'est efficace que

---

[228] 128,7-9.
[229] 132,10-11.
[230] 132,14-15.17.
[231] ⲁⲥϭⲱ (elle est demeurée), 132,17.
[232] 129,10.13-14; 130,9; 135,35-36.
[233] 136,6-7.

par la miséricorde du Père, lorsqu'intervient la seconde phase, celle de la conversion ou retournement. Celle-ci est œuvre du Père qui opère le retour de l'âme en elle-même, ou vers le lieu de son origine, qui est aussi celui de l'unité. Il y a une vive insistance sur la gratuité de ce second processus, qui vise la totalité du salut ou régénération et que l'on peut assimiler à la gnose[234].

G. Conçus de la sorte, le *repentir* et le *retournement* nous renvoient simultanément à plusieurs horizons.

a. Le repentir

Le verbe *metanoein* est beaucoup plus fréquent (6 occurrences) que le substantif *metanoia* (3 occurrences groupées en un seul passage et commandées par la mention du baptême de *metanoia* prêché par Jean) tout comme d'ailleurs le retournement (ⲕⲧⲟ) apparaît presque esclusivement sous forme de verbe (ⲕⲧⲟ, ⲧⲕⲧⲟ), et non de substantif : cela indique d'emblée que l'on considère des processus dans leur déroulement plutôt que des concepts abstraits ; le texte malgré ses aspects didactiques, est d'abord homilétique, visant des attitudes concrètes plus que des systématisations philosophiques. Il est remarquable d'ailleurs que la *metanoia* ne soit pas hypostasiée comme elle le sera par exemple chez les gnostiques que connaît Plotin ou dans des textes comme la *Pistis Sophia* : s'il y a un mythe à la base du récit, si le repentir et la conversion y figurent comme des moments du salut de l'âme, la doctrine de la *metanoia* n'est cependant pas plus érigée en système mythique qu'elle n'est abstraite dans une pensée philosophique : elle demeure une réalité concrète, vécue ou à vivre.

Limité à son aspect négatif et clairement distingué de la conversion, le repentir, proche du regret et de la *retractatio*, a un sens très voisin de celui que connaît l'usage grec profane[235]. Il est cependant dramatisé, par les larmes et les sanglots qui l'accompagnent presque à chacune de ses mentions ; il est placé dans une atmosphère religieuse, tant par l'ensemble de la doctrine à laquelle il est intégré, que par les invitations pressantes dont il est l'objet, par la confession des péchés et par la prière dont il est inséparable et sur laquelle la parénèse met l'accent. Nous sommes donc malgré l'absence du jeûne, dans la ligne de la

[234] 134,29-135,4.
[235] J. KITTEL, *TWNT*, IV, 972-976 (Behm).

pénitence rituelle juive telle qu'elle se rencontre dans plusieurs textes de l'Ancien Testament[236].

Très suggestive est la ressemblance avec le passage du roman de *Joseph et Aséneth* : «elle pleura des larmes abondantes et amères, elle se détourna (μετενόει) des dieux qu'elle vénérait et attendit la venue du soir»[237] : suit la description des sept jours de pénitence puis une prière où ne manquent pas les analogies entre l'état de l'orante et la situation de l'âme telle que la décrit l'ExAm. Cependant la ressemblance s'arrête là, car la *metanoia* n'est point, comme plus loin en *Joseph et Aséneth*, hypostasiée; non plus qu'elle n'est adhésion à Dieu ni conversion à son peuple[238].

En cela elle se sépare de la *metanoia* biblique telle que l'ont prêchée les prophètes, et du repentir chrétien, toujours associé à la conversion jusqu'à en devenir synonyme. L'âme qui se repent n'adhère point à une parole, à une offre ou à une quête divine, ni au Règne de Dieu ; elle n'est pas prévenue par un appel : le repentir naît d'un état de dénuement et d'impuissance, et est lui-même un appel. Bien que le terme revête un sens religieux marqué par le judaïsme, ce développement de sens s'arrête à mi-chemin et reste en deçà de l'usage de la LXX, du judaïsme hellénistique et des chrétiens.

Peut-on comparer cette conception de la *metanoia* à ce que l'on trouve dans d'autres textes gnostiques? Le mot n'est pas absent, tant s'en faut, des écrits gnostiques mais il ne semble guère revêtir de sens spécifique, sinon qu'il y est parfois hypostasié[239]. Il y désigne habituellement la conversion initiale, qui est retour[240], ou le retour second à la façon d'Hermas[241].

Cependant on peut trouver un parallèle très strict à l'usage de l'ExAm dans un passage au moins de l'ApocrJn lorsque Sophia, dont les analogies avec la Psyché de l'ExAm ont été déjà notées, séparée de son compagnon, prend conscience de son manque : «la Mère, lorsqu'elle connut que l'avorton de l'obscurité n'était pas parfait, parce que son compagnon ne s'accordait point avec elle, se repentit (ⲙⲉⲧⲁⲛⲟⲉⲓ), pleura force larmes ; et l'on entendit la prière de son repentir (ⲙⲉⲧⲁⲛⲟⲓⲁ) et ses frères prièrent pour elle»[242]. Le repentir part donc de la conscience

[236] *Ibid.*, 976-980 (Würthwein).
[237] *Joseph et Aséneth* 9, 2.
[238] *Joseph et Aséneth* 15.
[239] EvEg III, 59, 10; *Pistis Sophia*; les gnostiques de Plotin.
[240] EvVer 35, 22-23; *C.H.* I, 28.
[241] Cf. ApocrJn, BG 36, 7-15; 70, 8-71, 2 et par.
[242] ApocrJn, BG 46, 9-17 // *NH*, III, 21, 1-4; II, 13, 32-14, 5; IV, 21, 23-22, 5.

du manque; il s'accompagne de larmes abondantes, d'une prière avec laquelle il se confond peut-être et qui, renforcée par la prière des Éons, sera entendue. C'est donc bien la même situation que dans l'ExAm, le même mouvement et le même langage pour le décrire.

Or, parmi les notices que nous possédons sur les larmes de la Sophia tombée, ce passage de l'ApocrJn est le seul qui parle de *metanoia*; les autres, de façon quelque peu différente, parlent de conversion (ἐπιστροφή). Cette différence d'expression est significative et renforce, nous le verrons, l'analogie entre ce passage de l'ApocrJn et de l'ExAm, nous permettant d'y découvrir une interprétation gnostique de la *metanoia*.

b. Le retournement

La conversion est œuvre du Père et donc vécue passivement par l'âme; c'est le retour vers le Père, mais aussi vers le lieu ou l'état originaire de l'âme, ou encore un retour à elle-même, à son intériorité. Nous sommes ici beaucoup plus près de la tradition philosophique que de la pensée biblique. «Se retourner vers soi-même», «retourner soi-même» sont des formules fréquentes chez les philosophes au début de notre ère.

Le retour à l'intériorité, qui est détournement de l'extériorité, apparaît souvent chez Épictète[243]; dans la perspective stoïcienne, cette conversion est morale: il s'agit de détourner l'attention des réalités qui ne sont pas au pouvoir de l'homme pour la concentrer sur ce qui est objet de sa liberté, à savoir lui-même en tant qu'être raisonnable: «Où donc est le progrès? Si l'un de vous, se détournant des objets extérieurs, concentre ses efforts sur sa propre personne; s'il la travaille, s'il l'exerce de façon à la mettre en harmonie avec la nature, à l'élever, à la rendre libre, exempte d'entraves et d'obstacles, droite, digne, réservée»[244]. La pensée diffère de l'ExAm, en ce que l'extérieur n'est pas ontologiquement dévalorisé (il ne vaut pas moins que l'intérieur, mais n'est pas au pouvoir de l'action humaine) et en ce que cette conversion est effort humain, ascétique et spirituel. Seule l'opposition: intérieur-extérieur et le sens de la conversion sont les mêmes que dans notre texte.

---

[243] P. AUBIN, *Le problème de la conversion. Etude sur un thème commun à l'hellénisme et au christianisme des trois premiers siècles. (Théologie historique* 1), Paris, 1962, p. 60-66.
[244] ÉPICTÈTE, *Entretiens* I, 4, 18.

Mais l'opposition de l'extérieur à l'intérieur a dans la tradition platonicienne une autre portée : c'est l'opposition entre le sensible et l'intelligible, fort semblable à ce qu'on trouve dans l'ExAm[245]. La conversion du sensible à l'intelligible, comme retour en soi-même, apparaît dans le moyen platonisme; l'âme est alors le lieu de la vérité ou des objets intelligibles, si bien que se tourner ou être tourné vers soi-même, c'est aussi se tourner vers Dieu : «Dire qu'il (sc. Dieu) a créé l'âme du monde signifie qu'il l'a éveillée, qu'il a tourné vers lui le *noûs* de cette âme et l'âme elle-même, comme s'il la faisait sortir d'une léthargie ou d'un sommeil profonds, pour qu'elle tourne ses regards vers les objets intelligibles qu'il lui offre et en reçoive les idées et les formes, en désirant partager les pensées de Dieu»[246]. L'initiative divine, le fait qu'il s'agisse d'âme du monde plutôt que de l'âme individuelle sont proches de l'ExAm; il y manque encore l'expression claire d'un retour vers l'intérieur. Nous la trouverons chez Maxime de Tyr, p.ex., lorsqu'il parle du «repos qu'a l'âme de l'homme bon dans son éloignement des plaisirs et des sujétions du corps chaque fois que s'écartant du trouble qui naît au sujet de celui-ci et tournant vers elle-même son *noûs*, elle rencontre de nouveau la vérité elle-même après en avoir abandonné les images, (...) cela ressemble à un haut envol de l'âme qui se laisse porter non au-dessus des hautes montagnes, dans l'air sombre et agité, mais, bien au-dessus, dans l'éther immobile, le calme et la tranquillité, la transportant doucement jusqu'à la vérité et la vision»[247].

Philon d'Alexandrie est dans la même veine lorsqu'interprétant la migration d'Abraham comme l'allégorie d'un itinéraire vers Dieu, il en décrit ainsi l'ultime étape «... en comprenant exactement ce qu'il est lui-même, il va peut-être connaître aussi Dieu puisqu'il ne demeure plus à Harran, dans les organes de la sensation, et qu'il s'est retourné en soi-même : car il est impossible, tant qu'on se meut en sensibilité plutôt qu'en intellection, d'arriver jusqu'à l'intuition de la réalité»[248]. Le parallèle avec l'ExAm est intéressant, puisque Philon intègre comme elle des éléments juifs et grecs et développe notamment une doctrine de la conversion plus platonisante que biblique. Observons encore ici cependant qu'il s'agit toujours d'un itinéraire que l'âme parcourt :

---

[245] Cf. 130,21-22, «les réalités charnelles et sensibles, et les choses de la terre».
[246] ALBINUS, *Abrégé des doctrines de Platon* 14, 3; cf. P. AUBIN, *op. cit.*, p. 58.
[247] MAXIME DE TYR, *Philos.* 10, 3; P. AUBIN, *op. cit.*, p. 52.
[248] Philon, *Migr. Abr.* 195 (*SC* 47, p. 78), trad. de R. Cadiou, légèrement modifiée pour rendre plus littéralement ἀλλ᾽ εἰς ἑαυτὸν ἐπεστρεφώς).

c'est elle qui se tourne vers elle-même et parvient ainsi à l'intuition de la réalité. Le sensible d'ailleurs n'est pas dévalorisé de façon absolue, mais seulement à la façon d'une étape qu'il convient de quitter pour s'élever à l'intelligible.

La même conversion vers soi-même et vers plus haut que soi sera développée de façon systématique par Plotin à propos du *Noûs* (conversion sur soi-même et vers l'un) et de l'Âme (vers ce *Noûs*)[249] ; mais l'ExAm reste bien en deçà d'une pensée aussi élaborée et s'explique à suffisance par l'ambiance qu'illustrent les textes cités d'Albinus, de Maxime de Tyr, de Philon.

Lorsqu'il parle de conversion vers soi-même à propos de la gnose, le gnosticisme reprend donc un thème illustré dans le moyen platonisme, et par là il est grec ; mais en ressaisissant l'image à l'intérieur de sa propre cohérence, il la transforme. Deux traits ici sont marquants. D'une part, le sens donné à l'opposition extérieur-intérieur, qui devient une opposition radicale entre le monde supérieur qui est vrai, et le monde inférieur, qui est vain. Cette opposition exprime un anti-cosmisme radical qui n'accorde plus aucune valeur aux réalités sensibles : les ombres de la caverne platonicienne sont devenues de purs fantasmes dépourvus de tout rapport aux réalités d'en-haut, causes d'une condition misérable, obscurité mortelle comme la tempête pour les marins ; les prendre en considération est erreur, vanité et péché. D'autre part, cette conversion est œuvre divine, en réponse à une supplication : ce n'est donc pas une catégorie ontologique nécessaire, comme dans le texte cité d'Albinus et comme chez Plotin, et nous sommes dans une atmosphère religieuse ; mais ce n'est pas non plus une action de l'âme dont il dépend seulement qu'elle prenne conscience et qu'elle supplie ; elle ne se tourne pas, ne revient pas d'elle-même, et ne s'élève pas jusqu'au divin, qu'elle doit recevoir du Père. Comparer avec l'EvVer : «par la découverte de celui-là, qui est venu vers celui qu'il veut faire retourner (ⲧⲁⲥⲧⲟ) : car ce retour on l'appelle repentir (ⲙⲉⲧⲁⲛⲟⲓⲁ)»[250]. A l'exception du mot «repentir», dont l'usage diffère de celui de l'ExAm, on a bien la même vue de l'initiative d'en-haut dans la conversion.

Mais en va-t-il ainsi dans tous les cas? On a signalé l'analogie entre les pleurs du repentir de Sophia dans l'ApocrJn et son ἐπιστροφή dans la notice de l'Adv. Haer. et de l'*Elenchos*. Considérons ce que

---

[249] Cf. P. Aubin, *op. cit.*, p. 161-174.
[250] EvVer I, 35, 20-23.

nous dit Irénée. La conversion intervient deux fois : pour la Sophia, et pour Achamoth. Sophia, mue par la passion de connaître le Père, s'étend jusqu'à risquer de se dissoudre dans le Tout, est arrêtée par Horos, comprend que le Père est incompréhensible, fait retour sur elle-même et dépose son «enthymésis» et la passion survenue en celle-ci[251]. Certains, au dire d'Irénée, développent ainsi le mythe : pour avoir entrepris une tâche impossible, Sophia produit une substance informe ; elle en est plongée dans les passions de la tristesse, de la crainte et de l'angoisse ; puis ayant reçu la «conversion», elle tente en vain de revenir vers le Père, elle le supplie, et les autres Éons intercèdent pour elle ; le Père la purifie en la séparant par la Limite de son Enthymésis qui avec les autres passions est expulsée du Plérôme[252]. Un scénario semblable va se répéter pour l'Enthymésis même, appelée Achamoth. Le Christ donne forme à celle-ci selon la substance, mais non selon la gnose ; puis il se retire d'elle. Elle le cherche aussitôt mais, arrêtée par la Limite, elle éprouve à son tour tristesse, crainte et angoisse ; à ces passions succède la conversion vers celui qui l'avait vivifiée[253]. Achamoth le supplie et il lui envoie le Sauveur et ses anges, dont elle reçoit une vertu qui la forme selon la gnose et la guérit de ses passions. Les passions ainsi séparées sont à l'origine du monde matériel, et la conversion est à l'origine des psychiques[254], ou encore de l'Âme du monde et du Démiurge[255]. Observons d'abord que, pour la Sophia d'en haut comme pour l'Achamoth d'en bas, la conversion est vaine par elle-même et que ce n'est pas elle qui produit l'événement salutaire, mais la prière à laquelle répond la miséricorde du Père, puis du Christ ; ensuite que cette conversion, mêlée de passion, est séparée dans l'acte purificateur et, dans le cas d'Achamoth, donne naissance au Démiurge, à l'Âme du monde et à l'élément psychique[256]. P. Aubin a bien vu que cette dépréciation relative de la conversion signifiait l'impossibilité d'atteindre par soi-même l'être supérieur et originel, c'est-à-dire que la seule conversion considérée comme œuvre du converti ne permet point d'accéder à la gnose[257]. Dans l'ExAm, ce qui correspond à la conversion valenti-nienne décrite par Irénée, c'est le repentir (comme dans le texte cité

[251] IRÉNÉE, *Adv. Haer.* I, 2, 2.
[252] *Ibid.*, I, 2, 3.
[253] *Ibid.*, I, 4, 1.
[254] *Ibid.*, I, 4, 5-5, 1.
[255] *Ibid.*, I, 4, 2.
[256] Ou à une partie seulement de cet élément ; *ibid.*, I, 5, 4.
[257] P. AUBIN, *op. cit.*, p. 102.

de l'ApocrJn), alors que la conversion de l'ExAm correspond à la fois à la purification (séparation) et à la formation selon la gnose.

Si l'ExAm sépare, comme relevant de deux acteurs différents, d'une part, le complexe prise de conscience-larmes-repentir-supplication et, d'autre part, la conversion vers soi-même et vers le Père, c'est pour la même raison qui fait dévaloriser la conversion chez les valentiniens d'Irénée : pour exprimer l'impossibilité dans laquelle se trouve la substance spirituelle déchue d'accéder par soi-même à la gnose, parce qu'elle est déchue précisément, engagée dans le monde de l'erreur et de la passion. La prise de conscience de la vacuité de ce monde et la nostalgie de l'origine n'est pas encore le retour, qui suppose un salut venu d'en haut. C'est pourquoi aussi dans la section mythique de l'ExAm, l'âme qui se détourne elle-même de ses amants ne peut que retomber au pouvoir d'autres amants, tant par son propre mouvement (elle court vers eux) que par l'emprise qu'ils gardent sur elle (ils la forcent et lui font illusion)[258] : le repentir est vain s'il ne mène qu'à une autoconversion. C'est pourquoi aussi notre texte, dans l'interprétation chrétienne qu'il donne de sa doctrine, réserve le repentir au baptême annoncé par Jean, considéré comme un préalable à l'apparition (*Parousia*) du Christ, et ignore que dans les Évangiles le Christ lui-même invite à la *metanoia*; implicitement, c'est le processus salutaire qui est réservé au Christ, dont la première étape est le baptême de l'âme proprement dit, qui consiste précisément dans le retournement de la matrice, restauration de la situation originelle.

On peut donc dire que le concept de repentir, avec ses différentes connotations, met en relief l'impuissance de l'âme tombée en un corps et s'appuie sur une vision fortement dualiste, pour laquelle tout salut est œuvre des entités supérieures, le Père et le parèdre céleste de l'âme. Les thèmes du repentir et de la conversion, empruntés l'un à la tradition de la pénitence rituelle juive, l'autre à la tradition platonicienne, sont intégrés et relus dans une vision gnostique de l'homme, esprit déchu, nostalgique et impuissant.

5. Le milieu d'origine

En l'absence de toute indication externe et, en dehors des citations, de toute indication matérielle interne, seules la forme et la doctrine du texte peuvent nous renseigner sur ses origines.

---

[258] 128,4-15.

A. *La langue originale est le grec*

Que la langue originale de l'ExAm soit le grec ne saurait faire de
doute. A priori déjà, son univers mental est trop grec pour que l'on
puisse l'imaginer écrite d'abord dans une autre langue. Mais en outre
les preuves matérielles n'en manquent pas. P. Nagel a montré que les
citations bibliques reposaient sur le texte de la Septante[259]; de plus,
la spéculation sur le genre du mot ψγχн n'est pensable qu'en milieu
grec et en 130, 27 мпκωτε мпсωмλ ne peut être qu'une traduction
maladroite de περὶ τοῦ σώματος.

B. *Un milieu scolaire*

Les affinités que nous avons relevées avec une pensée platonisante,
tant pour la doctrine de l'âme que pour celle de la conversion, supposent
à l'évidence un milieu où pareille pensée pouvait se transmettre : même
simplifiée et vulgaire, elle est un sous-produit scolaire ; l'utilisation
de textes homériques, surtout s'ils proviennent d'un florilège, le
confirme. L'ExAm véhicule donc un héritage de sagesse et de culture
païennes.

Mais dans ses aspects chrétiens aussi, le texte sent l'école. Il est
probable que les grands textes prophétiques, trop amples pour venir de
réminiscences, trop parents entre eux pour que leur choix ne résulte pas
d'une recherche systématique, soient eux aussi empruntés à un florilège.
Tous les textes bibliques sont d'ailleurs introduits non comme des illustrations occasionnelles, ou comme le point de départ d'une méditation
religieuse, mais sur le mode d'une argumentation systématique dont
on peut décrire la logique : l'auteur argumente, selon des règles qui
incluent une méthode d'exégèse. Cette argumentation n'est jamais
polémique : la démarche, lorsqu'elle n'est pas exhortative, est didactique, même dans certains passages de la section parénétique.

C. *Un texte religieux*

Pourtant, ce bagage culturel, ces probables florilèges, ce ton scolaire, ne s'assortissent d'aucune curiosité intellectuelle, d'aucune tendance à la spéculation. Les enseignements écrits (qui pourraient sans
doute désigner des livres sacrés, mais qui n'excluent nullement les traités

---

[259] P. NAGEL, «Die Septuaginta-Zitate», p. 249-269.

savants) sont même franchement dépréciés [260]. Il ne s'agit jamais que de l'âme, de sa situation présente et de son destin futur, et donc finalement des destinataires dans leur démarche religieuse. Celle-ci est bien différente de toute piété philosophique : le but du texte est d'exciter au repentir et à une prière insistante, qui se confie à la grâce et fait bon marché de toute activité humaine.

Si bien que la parénèse, qui s'appuie sur la démarche didactique («il nous faut *donc* prier le Père»; «*c'est pourquoi* il faut prier Dieu nuit et jour»)[261], joue aussi d'une rhétorique de style homilétique qui fait appel à des sentiments de crainte et de confiance et insiste sur la sincérité intérieure.

D. *Un texte chrétien*

L'ExAm s'adresse à des chrétiens, puisque les textes qu'elle invoque comme revêtus d'autorité (à l'exception d'Homère) sont les Écritures saintes des chrétiens. Il n'y a aucune raison de supposer une étape judaïsante antérieure à l'état chrétien du texte en distinguant une vague d'attestation vétérotestamentaires puis une vague chrétienne plus faible[262], puisque toutes les citations et réminiscences sont introduites de la même façon et relèvent d'une seule rédaction.

Pour ce qui est du Nouveau Testament, ces chrétiens reconnaissent et utilisent sûrement Mt, Lc, Jn, 1 Co, Ep; il est possible — mais non rigoureusement certain — qu'ils connaissent aussi 1 Clem, si c'est de là que provient la prétendue citation du Pseudo-Ézéchiel.

L'auteur lui-même se donne pour chrétien, puisqu'il s'assimile au groupe de ses auditeurs par l'emploi, dans l'exhortation, de la 1e personne du pluriel. Si l'auteur fait partie du même groupe que ses destinataires et s'exhorte lui-même en les exhortant, il est peu vraisemblable qu'il s'agisse d'une prédication missionnaire, ou même d'une préparation à l'initiation de nouveaux convertis.

Toutefois nous avons vu que ce christianisme très apparent est aussi très superficiel et que la doctrine non seulement ne procède pas de la foi chrétienne, mais n'en est même que fort peu affectée. Que signifie ce contraste entre l'apparence et le fond? Comme il n'y a nulle trace de tension entre les deux, que d'ailleurs la polémique ou l'argumentation missionnaire manquent tout à la fois (la seule touche polémique est

[260] 134,31-32.
[261] 135,4; 136,14-15.
[262] Cf. K. V. TRÖGER, *Gnosis und Neues Testament*, p. 39.

celle qui refuse exercices, techniques et écrits comme étant aptes à produire le salut; c'est plus une considération sur la gratuité du salut que la critique d'un groupe particulier, qu'on ne saurait de toute manière déterminer), il ne doit pas s'agir d'un écrit destiné à capter la bienveillance de chrétiens auxquels on ne laisse d'ailleurs entrevoir aucune révélation ultérieure, mais seulement une réponse de la grâce divine à leur détachement du monde et à leur prière. Le plus vraisemblable et le plus économique reste de prendre le texte pour ce qu'il paraît être : la démonstration de l'accord d'une doctrine avec les Écritures chrétiennes, par le biais d'une annexion de ces mêmes Écritures à cette doctrine; ou si l'on veut, une œuvre syncrétiste dans laquelle une religion gnostique à peine dégagée de ses racines platonisantes intègre sans peine et sans profondeur le christianisme et ses Écritures, ne se souciant ni d'intégrer vraiment le contenu du christianisme (le problème christologique n'est pas posé), ni de christianiser réellement sa propre pensée (l'époux-sauveur n'est pas identifié au Christ).

Une telle synthèse suppose que, dans le milieu où le texte est écrit, le christianisme existe déjà de façon relativement organisée, puisqu'il y a un corpus d'Écritures, et qu'il existe avec une consistance que l'on ne trouve pas dans l'ExAm; en d'autres termes, l'ExAm ne saurait représenter la seule forme du christianisme là où elle fut produite. Elle ne se pose point pourtant de problème d'identité : cela convient tout à fait et à la constatation que le texte est gnostique dans son principe (et donc certainement flou sur les questions d'appartenance sociologique), et à l'hypothèse qu'il soit très ancien (et donc antérieur aux réactions hérésiologiques chrétiennes).

E. *Un texte gnostique prévalentinien*

La forme du dualisme, la conception de la chute et du salut de l'âme, la notion de la rupture et de la réunification du couple originel, l'ébauche du personnage du sauveur, l'encratisme et ses motivations, l'interprétation du repentir et de la conversion classent clairement l'ExAm parmi les textes gnostiques. Plus précisément la doctrine du couple et les ressemblances du personnage de l'âme avec celui de la Sophia l'apparentent au valentinisme ou à des spéculations prévalentiniennes. On notera que les ressemblances sont les plus franches avec le mythe de Sophia tel qu'il se lit dans l'ApocrJn, qui n'est pas valentinien et que H. Jonas tient pour plus primitif[263]. On pourrait, il est vrai, tenir que la

---

[263] H. JONAS, *La religion gnostique*, Paris, 1979, p. 233, 262.

simplicité dépouillée du mythe de l'ExAm relève d'un avatar tardif des idées valentiniennes, épurées par la réflexion philosophique ou volontairement dépouillées de toute spéculation ésotérique pour des usages de propagande. Ce serait à mon sens faire preuve de trop de méfiance. D'une part en effet il semble clair que le passage se fait d'une psychologie platonisante vers une religiosité gnostique; d'autre part, le texte se termine à la prière et à l'attente du salut; il conduit si peu à des révélations plus élaborées qu'il récuse les textes écrits comme moyen de procurer l'union et la régénération. Rien ne permet donc de conclure qu'il soit exotérique et de suspecter, sous les doctrines qu'il expose, un système plus élaboré qui serait la partie immergée de l'iceberg. Son gnosticisme avéré est donc bien primitif, saisi à l'état naissant. Cela n'implique pas a priori qu'il soit chronologiquement antérieur à Valentin, sauf s'il vient d'un milieu où les doctrines valentiniennes auraient aussi été répandues.

F. *Le lieu et la date d'origine*

En possession de ces divers éléments, nous pouvons risquer une hypo-thèse sur le lieu et le temps où fut rédigée l'ExAm.

En ce lieu, on doit avoir parlé grec et enseigné la philosophie; il s'y trouvait des chrétiens sensibles à un langage scolaire et disposant probablement de ce matériel, scolaire lui aussi, qu'étaient des florilèges; le gnosticisme doit pouvoir s'y imaginer à l'état naissant, et dans la li-gne valentinienne. Tous ces indices convergent vers Alexandrie, dont les origines chrétiennes demeurent mystérieuses mais où la première école théologique n'a pu naître *ex nihilo* à la fin du IIe siècle et où, précisément, débuta Valentin. Les deux mentions péjoratives de l'Égypte, liées l'une à une citation, l'autre à une allusion biblique ne sauraient mettre d'obs-tacle, bien au contraire, à cette identification, puisqu'elles sont l'objet d'interprétations allégoriques comparables à celles que l'on trouve, nombreuses, chez Philon d'Alexandrie lui-même. Les rapprochements que nous avons pu faire, çà et là, avec des écrits de Philon (à propos, en particulier, de la féminité de l'âme) ajoutent du poids à l'hypothèse alexandrine.

Pour la date, il existe un repère relatif sûr : la citation de Jn, qui suppose que cet Évangile soit non seulement rédigé, mais encore diffusé et reçu à côté des autres. Cela permet bien — le Papyrus Rylands 457 et le commentaire d'Héracléon nous y autorisent —, de remonter assez haut dans le IIe siècle, mais il serait téméraire d'aller jusqu'au début du siècle; l'an 120 constitue un terminus *post quem* raisonnable.

Par ailleurs, aucune des doctrines contenues dans l'écrit n'oblige à une datation basse ; l'irénisme évident des rapports entre cette pensée et le christianisme ne peut au contraire que suggérer une datation haute. Bien que des éléments de la doctrine de Valentin apparaissent à l'état inchoatif, cette doctrine elle-même semble ignorée ; elle n'aurait certes pu l'être à Alexandrie à partir de la moitié du IIe siècle. Il est donc possible, avec quelque approximation mais assez de vraisemblance, de prendre comme *terminus ante quem* le départ de Valentin pour Rome, vers 135.

Écrit dans un milieu pénétré de thèmes philosophiques, imbu de connaissances et de procédés scolaires, marqué par une religiosité gnostique naissante, notre traité, adressé à des chrétiens, selon toute vraisemblance à Alexandrie dans le deuxième quart du IIe siècle, apporterait un précieux éclairage à la question des origines du gnosticisme comme à celle des commencements du christianisme alexandrin.

TEXTE
ET
TRADUCTION*

* *Note préliminaire*

Sauf en ce qui concerne la séparation des mots, notre texte copte respecte l'exacte disposition du papyrus.

Le signe ° accompagnant un terme dans la traduction française indique que celui-ci est en grec dans le texte copte.

Nous avons indiqué la pagination du texte copte en chiffres arabes : le Codex II ne comporte aucune pagination.

Éditions et travaux

Bethge :   Hedda Bethge, «"Die Exegese über die Seele". Die sechste Schrift aus Nag-Hammadi-Codex II. Eingeleitet und übersetzt vom Berliner Arbeitskreis für koptisch-gnostische Schriften», *TLZ* 10 (1975) 93-104.

Browne :   G.M. Browne, «Textual Notes on the Exegesis on the Soul», *Bulletin of the American Society of Papyrologists* 12 (1975) 1-8.

Krause :   M. Krause, P. Labib, *Gnostische und hermetische Schriften aus Codex II und Codex VI (Abhandlungen des Deutschen Archäologischen Instituts Kairo, Koptische Reihe, 2)*, Glückstadt, 1971.

Layton :   B. Layton, «Editorial Notes on the "Expository Treatise Concerning the Soul" (Tractate II 6 from Nag Hammadi)». *Bulletin of the American Society of Papyrologists* 14 (1977) 65-73.

Layton² :   B. Layton, «The Soul as a Dirty Garment (Nag Hammadi Codex II, tractate 6, 131,27-31)», *Le Muséon* 91 (1978) 155-169.

Schenke :   H.M. Schenke, «Sprachliche und exegetische Probleme in den beiden letzten Schriften des Codex II von Nag Hammadi», *OLZ* 70 (1975) 5-13.

Wisse :   F. Wisse, «On Exegeting "The Exegesis on the Soul"», dans J.-É. Ménard (éd.), *Les textes de Nag Hammadi* (NHS, 7), Leyde, 1975, p. 68-81.

Sigles de l'apparat critique

[   ] : lettre restituée
⟨   ⟩ : lettre ajoutée ou corrigée
{   } : dittographie
`   ´ : addition du scribe au-dessus de la ligne
(   ) : ajout du traducteur

P. 127

ⲧⲉⲝⲏⲅⲏⲥⲓⲥ ⲉⲧⲃⲉ ⲧⲯⲩⲭⲏ
ⲁⲛⲥⲟⲫⲟⲥ ⲉⲧϣⲟⲟⲡ ϩⲓ ⲧⲛ̄ⲛⲉϩⲏ ⲁⲩϯ ⲟ
20 ⲛⲟⲙⲁⲥⲓⲁ ⲉⲧⲯⲩⲭⲏ ⲛ̄ⲛⲟⲩⲣⲁⲛ ⲛ̄ⲥϩⲓⲙⲉ
ⲟⲛⲧⲱⲥ ⲟⲛ ϩⲛ̄ ⲧⲉⲥⲫⲩⲥⲓⲥ ⲟⲩⲥϩⲓⲙⲉ ⲧⲉ
ⲟⲩⲛ̄ⲧⲁⲥ ⲙ̄ⲙⲁⲩ ϩⲱⲱⲥ ⲛ̄ⲧⲉⲥⲙⲏⲧⲣⲁ ϩⲉⲱⲥ
ⲙⲉⲛ ⲉⲥϣⲟⲟⲡ` ⲟⲩⲁⲁⲧⲥ ϩⲁϩⲧⲙ̄ ⲡⲉⲓⲱⲧ`
ⲟⲩⲡⲁⲣⲑⲉⲛⲟⲥ ⲧⲉ ⲁⲩⲱ ⲟⲩϩⲟⲩⲧⲥϩⲓⲙⲉ ⲧⲉ
25 ϩⲙ̄ ⲡⲉⲥⲉⲓⲛⲉ ϩⲟⲧⲁⲛ ⲇⲉ ⲉⲥϣⲁⲛϩⲁⲉⲓⲉ
ⲉⲡⲓⲧⲛ̄ ⲉⲥⲱⲙⲁ ⲛ̄ⲥⲓ ⲉⲡⲉⲉⲓⲃⲓⲟⲥ ⲧⲟⲧⲉ ⲁⲥ
ϩⲁⲉⲓⲉ ⲁⲧⲟⲟⲧⲟⲩ ⲛ̄ϩⲁϩ ⲛ̄ⲗⲏⲥⲧⲏⲥ ⲁⲩⲱ ⲛ̄
ϩⲩ[ⲃⲣⲓ]ⲥⲧⲏⲥ ⲁⲩⲛⲟⲭⲥ ⲉⲧⲟⲟⲧⲟⲩ ⲛ̄ⲛⲟⲩⲉⲣⲏⲩ
ⲁ[ⲩⲭⲱϩⲙ̄ ⲙⲙ]ⲟⲥ ϩⲟⲉⲓⲛⲉ ⲙⲉⲛ ⲁⲩⲭⲣⲱ
30 ⲛⲁⲥ ϩ[ⲛ̄ ⲟⲩⲃⲓ]ⲁ̣ ϩⲛ̄ⲕⲟⲟⲩⲉ ⲇⲉ ⲉⲩⲡⲉⲓⲑⲉ
ⲙ̄ⲙⲟⲥ ϩⲛ̄ [ⲟ]ⲩ̣ ⲁⲡⲁⲧⲏ ⲛ̄ⲇⲱⲣ[ⲟ]ⲛ̣ ϩⲁⲡⲁϩ
ϩⲁⲡⲗⲱⲥ ⲁⲩⲭⲟϩⲙⲉ̄ ⲁⲥ[ϯⲟⲩⲱ ⲛ̄ⲧⲉⲥⲙⲛ̄]ⲧ̣

P. 128

ⲡⲁⲣⲑⲉⲛⲟⲥ ⲁⲩⲱ ⲁⲥⲡⲟⲣⲛⲉⲩⲉ ϩⲙ̄ ⲡⲉⲥ
ⲥⲱⲙⲁ ⲁⲩⲱ ⲁⲥⲧⲁⲁⲥ ⲛ̄ⲧⲟⲟⲧϥ̄` ⟨ⲛ̄⟩ⲟⲩⲟⲛ ⲛⲓⲙ`
ⲁⲩⲱ ⲡⲉⲧⲥⲁⲃⲟⲗ ⲭ̄ⲥ̄ ⲙ̄ⲙⲟϥ` ⲉⲥⲙⲉⲉⲩⲉ
ϫⲉ ⲡⲉⲥϩⲁⲉⲓ ⲡⲉ ϩⲟⲡⲟⲧⲉ ⲛ̄ⲧⲁⲥⲧⲁⲁⲥ ⲛ̄
5 ⲧⲟⲟⲧⲟⲩ ⲛ̄ϩⲛ̄ⲙⲟⲓⲭⲟⲥ ⲛ̄ϩⲩⲃⲣⲓⲥⲧⲏⲥ ⲛ̄ⲁ̄
ⲡⲓⲥⲧⲟⲥ ⲁⲧⲣⲟⲩⲣ̄ⲭⲣⲱ ⲛⲁⲥ ⲧⲟⲧⲉ ⲁⲥⲁϣϩⲟⲙ`
ⲉⲙⲁⲧⲉ ⲁⲩⲱ ⲁⲥⲙⲉⲧⲁⲛⲟⲉⲓ ⲡⲁⲗⲓⲛ ⲉⲥϣⲁ̄
ⲕⲧⲉ ⲡⲉⲥϩⲟ ⲉⲃⲟⲗ ⲛ̄ⲛⲉⲉⲓⲙⲟⲓⲭⲟⲥ ϣⲁⲥⲡⲱⲧ
ⲉϩⲟⲩⲛ ⲉϩⲛ̄ⲕⲟⲟⲩⲉ ⲛ̄ⲥⲉⲣ̄ⲁⲛⲁⲅⲕⲁⲍⲉ̄ ⲙ̄ⲙⲟⲥ
10 ⲁⲧⲣⲉⲥϣⲱⲡⲉ ⲛⲙ̄ⲙⲁⲩ ⲛ̄ⲥⲣ̄ϩⲙ̄ϩⲁⲗ ⲛⲁⲩ`
ⲛ̄ⲑⲉ ⲛ̄ⲛ̄ϫⲟⲉⲓⲥ ϩⲓϫⲛ̄ ⲡⲟⲩⲙⲁ ⲛ̄ⲅ̄ⲕⲟⲧⲕ̄`
ⲉⲃⲟⲗ ⲇⲉ ⲙ̄ⲡϣⲓⲡⲉ ⲟⲩⲕⲉⲧⲓ ⲙⲁⲥⲧⲟⲗⲙⲁ
ⲉⲕⲁⲁⲩ ⲛ̄ⲥⲱⲥ ⲛ̄ⲧⲟⲟⲩ ⲇⲉ ϣⲁⲩⲁⲡⲁⲧⲁ ⲙ̄
ⲙⲟⲥ ⲛ̄ⲛⲟⲩⲛⲟϭ ⲛ̄ⲭⲣⲟⲛⲟⲥ ⲛ̄ⲑⲉ ⲛ̄ⲛⲓϩⲁ
15 ⲉⲓ ⲉⲧⲛ̄ϩⲟⲧ` ⲛ̄ⲣⲙ̄ⲙⲙⲉ ϩⲱⲥ ⲉⲱϣⲉ ⲉⲩⲧⲓⲙⲁ
ⲙ̄ⲙⲟⲥ ⲉⲙⲁⲧⲉ ⲁⲩⲱ ⲑⲁⲏ ⲛ̄ⲛⲁⲉⲓ ⲧⲏⲣⲟⲩ
ϣⲁⲩⲕⲁⲁⲥ ⲛ̄ⲥⲱⲟⲩ ⲛ̄ⲥⲉⲃⲱⲕ ⲛ̄ⲧⲟⲥ ⲇⲉ ϣⲁ

---

28 ϩⲩ[ⲃⲣⲓ]ⲥ̣ⲧⲏⲥ, cf. 128,5 (Krause autrement: ϩⲩ[ⲡⲏⲣ]ⲉ̣ⲧⲏⲥ) — 29 Krause: ⲁ[ⲩⲱ
ⲁⲩⲭⲱϩⲙ ⲙⲙ]ⲟⲥ — 30 Layton: ϩ[ⲛ̄ⲛ ⲟⲩⲃⲓ]ⲁ̣ — 32 Krause: ⲁⲥϯ[ⲟⲩⲱ ⲛⲧⲉⲥⲙⲛⲧ].
16 ⲑⲁⲏ sic; corriger en ⲑⲁⲏ.

P. 127

L'Exégèse° de l'âme°.
Les sages° avant nous dé-
20 nommèrent° l'âme° d'un nom féminin.
Par sa nature° aussi, elle est réellement° femme :
elle a même sa matrice°. Tant°
(+ μέν) qu'elle est seule auprès du Père,
elle est vierge° et androgyne
25 d'aspect; mais° lorsqu'° elle tomba
dans un corps° et qu'elle vint en cette vie°, alors°
elle tomba aux mains de nombreux brigands° et
les in[solents]° se la passèrent de mains en mains;
[ils] la [souillèrent]. Certains (+ μέν) la prirent°
30 de [force°], d'autres (+ δὲ) en la séduisant°
par un don° illusoire°. Bref°,
elle fut souillée et [perdit sa]

P. 128

virginité°; elle se prostitua° dans son
corps° et se livra à tout un chacun,
pensant que celui auquel elle s'enlacera
est son mari. Après qu'° elle se fut livrée
5 à des amants° insolents° et
infidèles°, pour qu'ils la prennent°, (+ τότε) elle sanglota
d'abondance et se repentit°. Puis encore°, quand
elle se détourne de ces amants°, elle court
vers d'autres, et ils la forcent°
10 à demeurer avec eux et à être leur esclave,
comme des maîtres, dans leur lit.
Et° de honte elle n'ose° plus°
les quitter, car° ils lui font illusion°
longtemps°, se donnant pour des maris
15 fidèles et véritables qui la respecteraient°
beaucoup. A la fin de tout cela,
ils la quittent et s'en vont. Elle alors°

ρεсϣωπε ⲛⲭⲏⲣⲁ ⲛϩⲏⲕⲉ ⲛⲉⲣⲏⲙⲟⲥ˙
ⲉⲙⲛⲧⲁⲥ ⲃⲟⲏⲑⲉⲓⲁ ⲙⲙⲁⲩ ⲟⲩⲇⲉ ϣⲁⲩⲙⲁ
20 ⲁⲭⲉ ⲙⲛⲧⲁⲥϥ˙ ⲉⲃⲟⲗ ϩⲙ ⲡⲉⲥⲙⲕⲁϩ ⲙ
ⲡⲉⲥϭⲛ ϩⲏⲩ ⲅⲁⲣ ⲗⲁⲁⲩ ⲛⲧⲟⲟⲧⲟⲩ ⲉⲓⲙⲏ
ⲧⲓ ⲁ̇ⲛ̇ⲭⲱϩⲙ ⲛⲧⲁⲩⲧⲁⲁⲩ ⲛⲁⲥ ϩⲙ ⲡⲧⲣⲟⲩⲣ
ⲕⲟⲓⲛⲱⲛⲉⲓ ⲛⲙⲙⲁⲥ ⲁⲩⲱ ⲛⲉⲛⲧⲁⲥⲭⲡⲟ
ⲟⲩ ⲉⲃⲟⲗ ϩⲛ ⲛⲙⲟⲓⲭⲟⲥ ⟨ϩ⟩ⲛ̄ⲕⲱⲫⲟⲥ ⲛⲉ ⲁⲩ
25 ⲱ ϩⲛⲃⲗ̄ⲁⲁⲩ ⲛⲉ ⲁⲩⲱ ⲥⲉⲟ ⲛⲣⲙⲛⲗⲁⲭ
ⲗⲉⲭ ⲡⲟⲩϩⲏⲧ˙ ⲡⲟϣⲥ ϩⲟⲧⲁⲛ ⲇⲉ ⲉⲣϣ̄ⲁ
ⲡⲉⲓⲱⲧ˙ ⲉⲧⲙⲡⲥⲁ ⲛⲧⲡⲉ ϭⲙ ⲡⲉⲥϣⲓⲛⲉ ⲛ
ϥϭⲱϣⲧ˙ ⲉⲡⲓⲧⲛ ⲉⲭⲱⲥ ⲛϥⲛⲁⲩ ⲉⲣⲟⲥ ⲉⲥⲉ
ϣⲉϩⲟⲙ ⲙⲛ ⲛⲉⲥⲡⲁⲑⲟⲥ ⲙⲛ ⲧⲁⲥⲭⲏⲙⲟ
30 ⲥⲩⲛⲏ ⲁⲩⲱ ⲉⲥⲙⲉⲧⲁⲛⲟⲉⲓ ⲉⲭⲛ ⲧⲉⲥⲡⲟⲣ˙
ⲛⲉⲓⲁ ⲛⲧⲁⲥⲁⲁⲥ ⲁⲩⲱ ⲛⲥⲁⲣⲭⲉⲓ ⲛⲛⲣⲉ
ⲡⲓⲕⲁⲗⲉⲓ {ⲛⲣ̄ⲉⲡⲓⲕⲁⲗⲉⲓ} ⲉϩⲣⲁⲓ ⲉⲡ[ⲉϥⲣ]ⲁⲛ
ⲁⲧⲣⲉϥⲣⲃⲟⲏⲑⲉⲓ ⲛⲁⲥ ⲉ[ⲥⲁϣⲉϩⲟⲙ ϩⲙ ⲡⲉⲥ
ϩⲏⲧ˙ ⲧⲏⲣϥ˙ ⲉⲥⲭⲱ ⲙⲙ[ⲟⲥ ⲭⲉ ⲙⲁ]ⲧⲟⲩⲭⲟ
35 ⲉⲓ [ⲡ]ⲁⲉⲓ[ⲱ]ⲧ ⲭⲉ ⲉⲓⲥϩⲏⲏⲧⲉ ϯⲛⲁⲧⲗⲟⲅⲟⲥ
[ⲛⲁⲕ ⲭⲉ ⲁϩⲓⲕⲱ] ⲛⲥⲱⲉⲓ ⲙⲡⲁⲏⲉⲓ ⲁⲩⲱ˙

P. 129

ⲁϩⲓⲡⲱⲧ˙ ⲉⲃⲟⲗ ⲙⲡⲁⲡⲁⲣ˙ⲑⲉⲛⲱⲛ ⲡⲁⲗⲓ
ⲧⲕⲧⲟⲉⲓ ϣⲁⲣⲟⲕ˙ ϩⲟⲧⲁⲛ ⲉϥϣⲁⲛⲛⲁⲩ ⲉⲣⲟⲥ
ⲉⲥϣⲟⲟⲡ˙ ⲙⲡⲉⲉⲓⲥⲙⲟⲧ˙ ⲧⲟⲧⲉ ϥⲛⲁⲣⲕⲣⲓⲛⲉ
ⲁⲁⲥ ⲛⲁϩⲓⲟⲥ ⲁⲧⲣⲉϥⲛⲁ ⲛⲁⲥ ⲭⲉ ⲛⲁϣⲉ ⲙⲙⲟⲕϩⲥ
5 ⲛⲧⲁϩⲓ ⲉⲭⲱⲥ ⲭⲉ ⲁⲥⲕⲱ ⲙⲡⲉⲥⲏⲉⲓ ⲛⲥⲱⲥ ⲉⲭⲛ
ⲧⲡⲟⲣⲛⲓⲁ ϭⲉ ⲛⲧⲯⲩⲭⲏ ϥⲡⲣⲟⲫⲏⲧⲉⲩⲉ ⲛ
ϩⲁϩ ⲙⲙⲁ ⲛⲃⲓ ⲡⲉⲡⲛ̄ⲁ ⲉⲧⲟⲩⲁⲁⲃ ⲡⲉⲭⲁϥ˙
ⲅⲁⲣ ϩⲛ ⲓⲉⲣⲏⲙⲓⲁⲥ ⲡⲉⲡⲣⲟⲫⲏⲧⲏⲥ ⲭⲉ ϩⲟⲧⲁ
ⲉⲣϣⲁⲡϩⲁⲉⲓ ⲧⲟⲩⲉⲓⲉ ⲧⲉϥϩⲓⲙⲉ ⲁⲩⲱ ⲛⲥ
10 ⲃⲱⲕ˙ ⲛⲥⲭⲓ ⲕⲉⲟⲩⲁ ⲙⲏ ⲥⲛⲁⲕⲟⲧⲥ ⲉⲣⲟϥ ⲭⲓⲛ
ⲧⲉⲛⲟⲩ ⲙⲏ ϩⲛ ⲟⲩⲭⲱϩⲙ˙ ⲙⲡⲉⲥⲭⲱϩⲙ˙
ⲛⲃⲓ ⲧⲉⲥϩⲓⲙⲉ ⲉⲧⲙⲙⲁⲩ ⲁⲩⲱ ⲛⲧⲟ ⲁⲣⲉⲡⲟⲣ
ⲛⲉⲩⲉ ⲙⲛ ϩⲁϩ ⲛϣⲱⲥ ⲁⲩⲱ ⲁⲣⲉⲕⲟⲧⲉ ϣⲁ
ⲣⲟⲉⲓ ⲡⲉⲭⲁϥ˙ ⲛⲃⲓ ⲡⲭⲟⲉⲓⲥ ϥⲓ ⲛⲛⲉⲃⲁⲗ ⲉϩ
15 ⲣⲁⲓ˙ ⲉⲡⲥⲟⲟⲩⲧⲛ ⲁⲩⲱ ⲛⲧⲉⲛⲁⲩ ⲭⲉ ⲛⲧⲁϩⲉ

---

20 ⲙⲛ̄ⲧⲁⲥϥ: un o barré entre ⲁ et ⲥ — 22 ⲁⲛⲭⲱϩⲙ̄: ⲛ ajouté au-dessus de la ligne —
31-32 dittographie.
4 ⲁⲁⲥ: contraction pour ⲁⲁⲥ (Layton); il n'est pas nécessaire de suppléer ⟨ⲉ⟩ⲁⲁⲥ
(Krause).

devient veuve °, pauvre, abandonnée °,
sans secours ° : et elle n'a rien °
20 qu'une once (de nourriture) au sortir de son affliction.
Car ° elle n'a tiré d'eux que °
les souillures qu'ils lui ont transmises en
s'unissant ° à elle ; et ceux qu'elle a engendrés
de ses amants ° sont sourds ° et
25 aveugles ; ils sont débiles et
ont l'esprit hébété. Mais ° si °
le Père d'en haut la visite, qu'
il abaisse sur elle son regard et la voie
sangloter à cause de ses passions ° et de sa disgrâce °,
30 se repentir de la prostitution °
à laquelle elle s'est livrée, et commencer °
à invoquer ° so[n no]m
pour qu'il la secoure °, [sanglotant] de
tout son cœur et disant : « Sauve-moi,
35 mon Père ! Car vois : je vais te confesser °
[que j'ai quitté] ma maison et

P. 129
me suis enfuie de ma chambre virginale °. A nouveau °
tourne-moi vers toi ! » S' ° il la voit
dans cette disposition (+ τότε), il la jugera °
digne ° de miséricorde, car nombreuses sont les afflictions
5 qui ont fondu sur elle parce qu'elle a quitté sa maison. Or au sujet
de la prostitution ° de l'âme °, l'Esprit °-Saint
prophétise ° en de nombreux endroits. Il dit
en effet ° en Jérémie le prophète ° : « Lorsque °
le mari renvoie sa femme et qu'elle
10 va en prendre un autre, est-ce qu' ° elle retournera vers lui à partir
de ce moment ? Ne s'est-elle pas ° souillée de souillure,
cette femme-là ? » et : « Toi, tu t'es prostituée ° avec de nombreux bergers, et tu es revenue
vers moi, dit le Seigneur. Lève les yeux
15 sur ce qui est droit et vois où tu t'es

ⲡⲟⲣⲛⲉⲩⲉ ⲧⲱⲛ ⲙⲏ ⲛⲉⲣⲉ2ⲙⲟⲟⲥ ⲁⲛ 2ⲛ̄ ⲛⲉ
2ⲓⲏ ⲉⲣⲉⲭⲱ2ⲙ ⲙ̄ⲡⲕⲁ2 2ⲛ̄ ⲛⲉⲡⲟⲣⲛⲓⲁ
ⲙⲛ̄ ⲛⲉⲕⲁⲕⲓⲁ ⲁⲩⲱ ⲁⲣⲉⲭⲓ 2ⲁ2 ⲛ̄ϣⲱⲥ ⲉⲩ
ⲭⲣⲟⲡ` ⲛⲉ ⲁⲣⲉϣⲱⲡⲉ ⲛ̄ⲁⲧ`ϣⲓⲡⲉ ⲙⲛ̄ ⲟⲩ
20 ⲟⲛ ⲛⲓⲙ ⲙ̄ⲡⲉⲙⲟⲩⲧⲉ ⲉ2ⲣⲁ̈ⲓ ⲉⲣⲟⲉⲓ 2ⲱⲥ
ⲣⲙ̄ⲛ̄ⲏⲉⲓ· ⲏ 2ⲱⲥ ⲉⲓⲱⲧ` ⲏ ⲁⲣ̄ⲭⲏⲅⲟⲥ ⲛ̄ⲧⲉ
ⲙⲛ̄ⲧⲡⲁⲣⲑⲉⲛⲟⲥ ⲡⲁⲗⲓⲛ ϥⲥⲏ2 2ⲛ̄ ⲱⲥⲏⲉ
ⲡⲉⲡⲣⲟⲫⲏⲧⲏⲥ ⲭⲉ ⲁⲙⲛⲉⲓⲧⲛ̄ ⲭⲓ 2ⲁⲡ` ⲙⲛ̄
ⲧⲉⲧⲙ̄ⲙⲁⲁⲩ ⲭⲉ ⲥⲛⲁϣⲱⲡⲉ ⲛⲁⲉⲓ ⲁ`ⲛ`ⲛ̄2ⲓ
25 ⲙⲉ ⲁⲩⲱ ⲁⲛⲟⲕ` †ⲛⲁϣⲱⲡⲉ ⲛⲁⲥ ⲁⲛ ⲛ̄2ⲁ
ⲉⲓ †ⲛⲁϥⲓ ⲛ̄ⲧⲉⲥⲡⲟⲣⲛⲓⲁ ⲙ̄ⲙⲁⲩ ⲙ̄ⲡⲁⲙⲧⲟ
ⲉⲃⲟⲗ ⲁⲩⲱ †ⲛⲁϥⲓ ⲛ̄ⲧⲉⲥⲙⲟⲓⲭⲉⲓⲁ 2ⲛ̄
ⲧⲙⲏⲧⲉ ⲛ̄ⲛⲉⲥⲕⲓⲃⲉ †ⲛⲁⲕⲁⲁⲥ ⲉⲥⲕⲁⲕ ⲁ
2ⲏⲩ ⲛ̄ⲑⲉ ⲙ̄ⲫⲟⲟⲩ ⲛ̄ⲧⲁⲩⲭⲡⲟⲥ ⲙ̄ⲙⲟϥ ⲁⲩ
30 ⲱ †[ⲛ]ⲁⲁⲥ ⲛ̄ⲉⲣⲏⲙⲟⲥ ⲛ̄ⲑⲉ ⲛ̄ⲟⲩⲕⲁ2 ⲉⲙⲛ̄
ⲙ̄[ⲟ]ⲟⲩ ⲛ̄2ⲏⲧϥ ⲁ]ⲩⲱ †ⲛⲁⲁⲥ ⲛ̄ⲁⲧϣⲏⲣⲉ
2ⲛ̄ⲛ ⲟ[ⲩ]ⲉⲓⲃⲉ †]ⲛⲁⲛⲁ ⲁⲛ ⲛ̄ⲛⲉⲥϣⲏⲣⲉ ⲭⲉ
2ⲛ̄ϣⲏⲣⲉ̣ [ⲛⲉ] ⲙ̄ⲡⲟⲣⲛⲉⲓⲁ ⲭⲉ [ⲁⲧ]ⲟⲩⲙⲁ̣ⲁⲩ
ⲣ̄ⲡⲟⲣⲛⲉⲩⲉ ⲁⲩⲱ ⲁⲥⲧⲱ[ϣⲓⲡⲉ ⲛ̄ⲛⲉⲥϣⲏ]ⲣⲉ̣

P. 130

ⲭⲉ ⲁⲥⲭⲟⲟ⟨ⲥ⟩ ⲭⲉ †ⲛⲁⲡⲟⲣⲛⲉⲩⲉ ⲙⲛ̄ ⲛⲉⲧ
ⲙⲉ ⲙ̄ⲙⲟⲉⲓ ⲛⲉⲧⲙ̄ⲙⲁⲩ ⲛⲉⲩ† ⲛⲁⲉⲓ ⲙ̄ⲡⲁ
ⲟⲉⲓⲕ` ⲙⲛ̄ ⲡⲁⲙⲟⲟⲩ ⲙⲛ̄ ⲛⲁϣⲧⲏⲛ` ⲙⲛ̄ ⲛⲁ
2ⲃⲟⲟⲥ ⲙⲛ̄ ⲡⲁⲏⲣⲡ` ⲙⲛ̄ ⲡⲁⲛⲏ2 ⲙⲛ̄ 2ⲱⲃ
5 ⲛⲓⲙ ⲉⲧⲣ̄ ϣⲁⲩ ⲛⲁⲉⲓ ⲇⲓⲁ ⲧⲟⲩⲧⲟ ⲉⲓⲥ2ⲏⲧⲉ
ⲁⲛⲟⲕ` †ⲛⲁϣⲧⲁⲙ ⲙ̄ⲙⲟⲟⲩ ⲭⲉ ⲛⲉⲥϭⲃ̄ⲙ
ϭⲟⲙ` ⲙ̄ⲡⲱⲧ` ⲛ̄ⲥⲁ ⲛⲉⲥⲛⲟⲉⲓⲕ` ⲁⲩⲱ ⲉⲥϣⲁ
ϣⲓⲛⲉ ⲛ̄ⲥⲱⲟⲩ ⲛ̄ⲥⲧⲙ̄ϭⲛ̄ⲧⲟⲩ ⲥⲛⲁⲭⲟⲟⲥ
ⲭⲉ †ⲛⲁⲕⲟⲧ` ⲉⲡⲁ2ⲁⲉⲓ ⲭⲓⲛ ϣⲟⲣⲡ ⲭⲉ ⲛⲉ
10 ⲉⲓⲣ̄ ϣⲁⲩ ⲛ̄ⲛ2ⲟⲟⲩ ⲉⲧⲙ̄ⲙⲁⲩ ⲛ̄2ⲟⲩⲟ ⲁⲧⲉ
ⲛⲟⲩ ⲡⲁⲗⲓⲛ ⲡⲉⲭⲁϥ` 2ⲛ̄ ⲉ2ⲉⲕⲓⲏⲗ ⲭⲉ ⲁⲥ
ϣⲱⲡⲉ ⲙⲛ̄ⲛ̄ⲥⲁ 2ⲁ2 ⲛ̄ⲕⲁⲕⲓⲁ ⲡⲉⲭⲁϥ ⲛ̄ϭⲓ
ⲡⲭⲟⲉⲓⲥ ⲭⲉ ⲁⲣⲉⲕⲱⲧ ⲛⲉ ⲛ̄ⲟⲩⲡⲟⲣⲛⲓⲟⲛ
ⲁⲩⲱ ⲁⲣⲉⲧⲁⲙⲉⲓⲟ ⲛⲉ ⲛ̄ⲟⲩⲧⲟⲡⲟⲥ ⲛ̄ⲥⲁⲉⲓ
15 ⲉ 2ⲛ̄ ⲛ̄ⲡⲗⲁⲧⲉⲁ· ⲁⲩⲱ ⲁⲣⲉⲕⲱⲧ` ⲛⲉ ⲛ̄2ⲛ̄
ⲡⲟⲣⲛⲓⲟⲛ 2ⲓ 2ⲓⲏ ⲛⲓⲙ ⲁⲩⲱ ⲁⲣⲉⲧⲉⲕⲟ ⲛ̄

---

24 ⲁⲛ: ⲛ ajouté au-dessus de la ligne — 30 et 31 †ⲛⲁⲁⲥ: contraction pour †ⲛⲁⲁⲁⲥ.
1 ⲁⲥⲭⲟⲟ⟨ⲥ⟩, correction pour ⲁⲥⲭⲟⲟϥ.

prostituée⁰. N'étais-tu pas assise dans les
rues, souillant la terre de tes prostitutions⁰
et de tes forfaits⁰, et n'as-tu pas accueilli de nombreux bergers
pour ta chute? Tu as fait l'impudente avec
20 chacun. Tu ne m'as pas appelé comme un
familier, ou comme un père, ou comme le protecteur⁰ de ta
virginité⁰». Il est encore écrit dans Osée
le prophète : «Venez, entrez en jugement avec
votre mère, car elle ne sera pas pour moi
25 une femme et je ne serai pas pour elle
un mari. J'enlèverai sa prostitution⁰ de devant
moi et j'enlèverai son adultère d'entre
ses seins. Je la laisserai nue
comme au jour de sa naissance, je la
30 rendrai désolée comme une terre sans
eau, et je la rendrai stérile
par [soif (?). Je] n'aurai pas pitié de ses enfants,
car ce sont des enfants de prostitution⁰, puisque leur mère
s'est prostituée⁰ et qu'elle a fait [honte à ses enfants.]

P. 130
Car elle a dit : "Je me prostituerai⁰ avec
mes amants : ceux-là me donnaient mon
pain et mon eau et mes vêtements et mes
habits et mon vin et mon huile, et tout
5 ce qu'il me faut". C'est pourquoi voici que
je vais les enfermer, pour qu'elle ne puisse
courir après ses amants : et lorsqu'
elle les cherchera et ne les trouvera pas, elle dira :
"Je vais retourner à mon premier mari, car
10 j'avais ce qu'il faut en ces jours-là plus que
maintenant".» Il dit encore en Ézéchiel : «Il
advint, après beaucoup de forfaits⁰, dit
le Seigneur, que tu t'es construit une maison de prostitution⁰ ;
et tu t'es préparé une belle place⁰
15 sur les avenues⁰, et tu t'es construit
des maisons de prostitution⁰ dans toutes les rues, et tu as détruit

ΤΕΜΝΤⲤⲀΕΙΕ ⲀⲨⲱ ⲀⲢΕⲤⲱⲦ˙ ⲚⲚΕⲨⲢΗΤΕ
ΕⲂⲞⲖ ΕⲬⲚ ⳥ΙΗ ⲚΙⲘ˙ ⲀⲨⲱ ⲀⲢΕⲦⲀϢⲞ ⲚΤΕⲠⲞⲢ
ⲚΙⲀ ⲀⲢΕⲠⲞⲢⲚΕⲨΕ ⲘⲚ ⲚϢΗⲢΕ ⲚⲔΗⲘΕ
20 ⲚⲀΕΙ ΕΤⲞ ⲚΤΕϢΕ ⲚⲀ ⲚⲀⲚΙⲚⲞϬ ⲚⲤⲀⲢⳬ˙ ⲚΙⲘ
ⲆΕ ⲚΕ ⲚϢΗⲢΕ ⲚⲔΗⲘΕ ⲚⲀⲚΙⲚⲞϬ ⲚⲤⲀⲢⳬ
ΕΙⲘΗΤΙ ⲀⲚⲤⲀⲢⲔΙⲔⲞⲚ ⲀⲨⲱ ⲚⲀΙⲤⲐΗⲦⲞⲚ
ⲘⲚ ⲚⳞⲂΗⲨΕ ⲘⲠⲔⲀⳞ ⲚⲀΕΙ ⲚⲦⲀⲦⲮⲨⲬΗ
ⲬⲱⳞⲘ ⲚⳞΗⲦⲞⲨ ⲚⲚΕΕΙⲘⲀ ΕⲤⲬΙ ⲞΕΙⲔ Ⲛ
25 ⲦⲞⲞⲦⲞⲨ ΕⲤⲬΙ ΗⲢⲠ˙ ΕⲤⲬΙ ⲚΕⳞ ΕⲤⲬΙ ⳞⲂⲞ
ⲞⲤ ⲀⲨⲱ ⲦⲔΕⲫⲖⲞΙⲀⲢΙⲀ ΕⲦⲘⲠⲤⲀ ⲚⲂⲞⲖ
ⲘⲠⲔⲱⲦΕ ⲘⲠⲤⲱⲘⲀ ⲚⲀΕΙ ΕⲦⲤⲘΕΕⲨΕ
ⲬΕ ⲤΕⲢ ϢⲀⲨ ⲚⲀⲤ ⲦΕΕΙⲠⲞⲢⲚΙⲀ ⲆΕ ⲀⲚⲀ
ⲠⲞⲤⲦⲞⲖⲞⲤ ⲘⲠⲤⲱⲦΗⲢ ⲠⲀⲢⲀⲄⲄΕΙⲖΕ ⲬΕ
30 ⲀⲢΕⳞ ΕⲢⲱⲦⲚ ΕⲢⲞⲤ ⲦⲞⲨⲂΕ ⲐΗⲨⲦⲚ ΕⲢⲞⲤ
ΕⲨϢⲀⲬΕ ΕⲦⲠⲞⲢⲚΙⲀ ⲞⲨⲀⲀⲦⲤ ⲀⲚ ⲘⲠⲤⲱ
ⲘⲀ ⲀⲖⲖⲀ ⲦⲀⲦ˙ⲮⲨⲬΗ ⲚⳞⲞⲨⲞ ΕⲦ[ⲂΕ Ⲡ]ⲀΕΙ
ⲚⲀⲠⲞⲤⲦⲞⲖⲞⲤ ΕⲨⲤⳞ[ⲀΙ ⲚⲦΕⲔⲔⲖΗⲤΙⲀ] Ⲙ
ⲠⲚⲞⲨⲦΕ ϢΙⲚⲀ ⲬΕ ⲚΕ[ⳞⲂΗⲨ]Ε ⲚⲦΕΕΙ
35 Ⲙ[Ι]ⲚΕ ϢⲱⲠΕ ⳞⲢⲀÏ ⲚⳞΗⲦ[Ⲥ] ⲀⲖⲖⲀ ⲠⲚⲞϬ
[ⲚⲀⲄⲱⲚ ΕϤϢ]ⲞⲞⲠ˙ ΕⲦⲂΕ ⲦⲠⲞⲢⲚΙⲀ˙

P. 131

ⲚⲦⲮⲨⲬΗ ΕⲂⲞⲖ ⲚⳞΗⲦⲤ ϢⲀⲢΕⲦⲠⲞⲢⲚΙⲀ Ⲙ
ⲠⲔΕⲤⲱⲘⲀ ϢⲱⲠΕ ⲆΙⲀ ⲦⲞⲨⲦⲞ ⲠⲀⲨⲖⲞⲤ ΕϤ
ⲤⳞⲀÏ ⲚⲄⲔⲞⲢΙ⟨Ⲛ⟩ⲐΙⲞⲤ ⲠΕⲬⲀϤ ⲬΕ ⲀΕΙⲤⳞⲀÏ ⲚΗ
ⲦⲚ ⳞⲚ ⲦΕⲠΙⲤⲦⲞⲖΗ ⲬΕ ⲘⲠⲢⲦⲱⳞ ⲘⲚ ⲠⲞⲢ
5 ⲚⲞⲤ ⲞⲨ ⲠⲀⲚⲦⲱⲤ Ⲙ⟨Ⲛ⟩ Ⲡ⟨Ⲟ⟩ⲢⲚⲞⲤ ⲘⲠΕΕΙⲔⲞⲤ
ⲘⲞⲤ Η ⲠⲖΕⲞⲚⳞΕⲔⲦΗⲤ Η ⲚⲢΕϤⲦⲱⲢⲠ˙ Η Ⲛ
ⲢΕϤϢⲘϢΕ ΕΙⲆⲱⲖⲞⲚ ΕⲠΕΙ ⲀⲢⲀ ⲦΕⲦⲚⲏⲠ˙
ΕΕΙ ΕⲂⲞⲖ ⳞⲘ ⲠⲔⲞⲤⲘⲞⲤ ⲦⲀΕΙ ⲦΕ ⲐΕ ΕϤ˙ϢⲀ
ⲬΕ ⲠⲚΕⲨⲘⲀⲦΙⲔⲱⲤ ⲬΕ ΕⲠⲚⲀⲄⲱⲚ ϢⲞⲞⲠ˙
10 ⲚⲀⲚ ⲀⲚ˙ ⲞⲨⲂΕ ⲤⲀⲢⳬ ⳞΙ ⲤⲚⲞϤ˙ ⲔⲀⲦⲀ ⲐΕ ΕⲚ
ⲦⲀϤⲬⲞⲞⲤ ⲀⲖⲖⲀ ⲞⲨⲂΕ ⲚⲔⲞⲤⲘⲞⲔⲢⲀⲦⲱⲢ˙
ⲘⲠΕΕΙⲔⲀⲔΕ ⲘⲚ ⲘⲠⲚΕⲨⲘⲀⲦΙⲔⲞⲚ ⲚⲦⲠⲞ

---

33 ΕⲨⲤⳞ[ⲀΙ ⲚⲦΕⲔⲔⲖΗⲤΙⲀ] Ⲙ᷍ (Wisse, Bethge, Browne); Schenke: ΕⲨⲤⳞⲀΙ] ⲬΕ
ⲦⲚⲤⲞⲠⲤ] Ⲙ᷍ — 34 ⲚⲚΕ[ⳞⲂΗⲨ]Ε ⲚⲦΕΕΙ (Wisse, Bethge); Schenke: Ⲛ[ⲚΕ ⲚⲀΕΙ] ⲚⲦΕΕΙ;
Browne: [ⲨⲠⲞⲢⲚΙ]Ⲁ; Layton: [ⲨⲠⲞⲢⲚΙ]Ⲁ˙ — 35 ⲚⳞΗⲦ[Ⲥ] (Wisse, Bethge); Schenke:
ⲚⳞΗⲦ[Ⲛ] — 36 [ⲚⲀⲄⲱⲚ ΕϤϢ]ⲞⲞⲠ (Krause, Browne), cf. 131,9; Schenke:
[ⲚⲔΙⲚⲆⲨ]ⲚⲞⲤ; Bethge: [ⲚⲢⲞⲞⲨϢ ΕϤϢ]ⲞⲞⲠ.
3 ⲚⲄⲔⲞⲢΙ⟨Ⲛ⟩ⲐΙⲞⲤ correction pour ⲚⲄⲔⲞⲢΙⲐΙⲞⲤ — 5 Ⲙ⟨Ⲛ⟩ Ⲡ⟨Ⲟ⟩ⲢⲚⲞⲤ, correction
pour ⲘⲠⲢⲚⲞⲤ. Wisse conjecture: ⲘⲠⲢ⟨ⲦⲱⳞ ⲘⲚ ⲘⲠⲞⲢ⟩ⲚⲞⲤ.

ta beauté, et tu as écarté les jambes
dans toutes les rues, et tu as multiplié ta pros-
titution°. Tu t'es prostituée° avec les fils d'Égypte
20 tes voisins, les hommes aux grandes chairs°». Or° qui
sont les fils d'Egypte, les hommes aux grandes chairs°,
sinon les réalités charnelles° et sensibles°,
et les choses de la terre par lesquelles l'âme°
s'est souillée en ces lieux, en recevant d'elles le pain,
25 en recevant le vin, en recevant l'huile, en recevant le
vêtement et toute autre vanité° extérieure,
ayant trait au corps°, ce qu'elle pense
qu'il lui faut. Or° c'est de cette prostitution° que
les apôtres° du Sauveur° ont proclamé° :
30 «Gardez-vous d'elle, purifiez-vous d'elle!»,
ne parlant point de la seule prostitution° du corps°,
mais plutôt de celle de l'âme°. C'est pour cela que
les apôtres° écrivent [à l'Eglise°] de
Dieu : afin que de telles [choses]
35 ne se produisent pas en [elle]. Mais le grand
[combat°] porte sur la prostitution°

P. 131
de l'âme°. C'est d'elle que la prostitution°
du corps° vient aussi. C'est pourquoi Paul
écrivant aux Corinthiens dit : «Je vous ai écrit
dans ma lettre° : ne vous mêlez pas aux
5 prostituées° — nullement° aux prostituées° de ce
monde°, ou° aux cupides°, ou° aux voleurs, ou° aux
idolâtres° —, car autrement° il vous faudrait
sortir du monde°». Voilà comment il parle
dans un sens spirituel°, car «notre combat° n'est
10 pas contre la chair° et le sang», ainsi° qu'il
l'a dit, «mais contre les maîtres cosmiques°
de cette obscurité et les éléments spirituels° du

ⲛⲏⲣⲓⲁ ϣⲁϩⲟⲩⲛ ⲙⲉⲛ ⲉⲫⲟⲟⲩ ⲉⲧⲯⲩⲭⲏ˙
ⲡⲏⲧ˙ ⲛ̄ⲥⲁ ⲉⲥⲁ ⲉⲥⲕⲟⲓⲛⲱⲛⲓ ⲙⲛ̄ ⲡⲉⲧⲥⲛⲁ
15 ⲧⲱⲙⲧ˙ ⲉⲣⲟϥ˙ ⲉⲥⲭⲱϩⲙ˙ ⲥϣⲟⲟⲡ˙ ϩⲁ ⲡⲁⲥ
ⲭⲁ ⲛ̄ⲛⲉⲧⲥⲙⲡϣⲁ ⲉⲧⲣⲉⲥⲭⲓⲧⲟⲩ ϩⲟⲧⲁⲛ ⲇⲉ
ⲉⲥⲱ⳯ⲁⲓⲥⲑⲁⲛⲉ ⲛ̄ⲙⲙⲟⲕϩ̄ⲥ ⲉⲧⲥⲛ̄ϩⲏⲧⲟⲩ
ⲁⲩⲱ ⲛ̄ⲥⲣⲓⲙⲉ ⲉϩⲣⲁⲓ̈ ⲉⲡⲉⲓⲱⲧ ⲛ̄ⲥⲙⲉⲧⲁⲛⲟ
ⲉⲓ ⲧⲟⲧⲉ ϥⲛⲁⲛⲁ ⲛⲁⲥ ⲛ̄ϭⲓ ⲡⲉⲓⲱⲧ ⲛ̄ϥⲕⲧⲟ
20 ⲛ̄ⲧⲉⲥⲙⲏⲧⲣⲁ ⲉⲃⲟⲗ ϩⲛ̄ ⲛⲁⲡⲥⲁ ⲛⲃⲟⲗ ⲡⲁⲗⲓ̄
ⲛ̄ϥⲕⲧⲟⲥ ⲉϩⲟⲩⲛ ⲛ̄ⲧⲉⲧⲯⲩⲭⲏ ϫⲓ ⲙ̄ⲡⲉⲥ
ⲙⲉⲣⲓⲕⲟⲛ ⲉⲩϣⲟⲟⲡ ⲅⲁⲣ ⲁⲛ ⲛ̄ⲑⲉ ⲛ̄ⲛⲉϩⲓ
ⲟⲙⲉ ⲙ̄ⲙⲏⲧⲣⲁ ⲅⲁⲣ ⲙ̄ⲡⲥⲱⲙⲁ ⲉⲩϣⲟⲟⲡ˙
ⲙ̄ⲫⲟⲩⲛ˙ ⲙ̄ⲡⲥⲱⲙⲁ ⲛ̄ⲑⲉ ⲛ̄ⲅⲕⲉⲙⲁϩⲧ ⲧⲙⲏ
25 ⲧⲣⲁ ⲛ̄ⲧⲟϥ˙ ⲛ̄ⲧⲯⲩⲭⲏ ⲉⲥⲕⲱⲧⲉ ⲙ̄ⲡⲥⲁ ⲛⲃⲟⲗ
ⲛ̄ⲑⲉ ⲛ̄ⲙ̄ⲫⲩⲥⲓⲕⲟⲛ ⲙ̄ⲫⲟⲟⲩⲧ˙ ⲉⲩϣⲟⲟⲡ˙
ⲙ̄ⲡⲃⲟⲗ˙ ⲉⲣϣⲁⲛⲙⲏⲧⲣⲁ ϭⲉ ⲛ̄ⲧⲯⲩⲭⲏ·
ⲧⲕⲧⲟⲥ ϩⲙ̄ ⲡⲟⲩⲱϣ ⲙ̄ⲡⲉⲓⲱⲧ˙ ⲉⲡⲥⲁ ⲛ
ϩⲟⲩⲛ ϣⲁⲣⲉⲥⲣⲃⲁⲡⲧⲓⲍⲉ ⲁⲩⲱ ⲛ̄ⲧⲟⲩ
30 ⲛⲟⲩ ϣⲁⲥⲧⲟⲩⲃⲟ ⲉⲡⲭⲱϩⲙ̄ ⲙ̄ⲡⲥⲁ ⲛ
ⲃⲟ[ⲗ] ⲡⲁⲉⲓ ⲉⲛⲧⲁⲅⲁˋⲃˊϥ˙ ⲉⲭⲱⲥ ⲛ̄ⲑⲉ ⲛ̄ⲛⲓ
ϣ̄[ⲧⲏⲛ ⲉⲩ]ϣⲁ̣[ⲗ]ⲱⲱⲙ˙ ϣⲁⲩⲧⲉⲗⲟⲟⲩ˙ ⲉ
ⲡ[ⲙⲟⲟⲩ ⲁⲩⲱ ⲛ̄ⲥ]ⲉⲧⲕⲧⲟⲟⲩ ϣⲁⲛⲧⲟⲩⲛ̄ ⲧⲟⲩ
ⲗⲁⲁⲙ [ⲉⲃⲟⲗ] ⲁⲩⲱ ⲛ̄ⲥⲉⲧⲟⲩⲃⲟ ⲡⲧⲟⲩⲃⲟ
35 ⲇⲉ ⲛ̄ⲧⲯⲩⲭⲏ ⲡⲉ ϫⲓ ⲧⲉⲥⲙ̄ⲛ̄ⲧ̄[ⲃ]ⲣ̣[ⲣ]ⲉ̣ [ⲟ]ⲛ̣˙

P. 132

ⲙ̄ⲡⲉⲥⲫⲩⲥⲓⲕⲟⲛ ⲛ̄ϣⲟⲣⲡ˙ ⲛ̄ⲥⲕⲧⲟⲥ ⲛ̄ⲕⲉ
ⲥⲟⲡ˙ ⲡⲁⲉⲓ ⲡⲉ ⲡⲉⲥⲃⲁⲡⲧⲓⲥⲙⲁ ⲧⲟⲧⲉ ⲥⲛⲁ
ⲣ̄ⲁⲣⲭⲉⲓ ⲛ̄ⲃⲱⲗⲕ˙ ⲉⲣⲟⲥ ⲟⲩⲁⲁⲧⲥ̄ ⲛ̄ⲑⲉ ⲛ̄ⲛⲉⲧ
ϣⲁⲩⲙⲓⲥⲉ ⲛ̄ⲧⲉⲩⲛⲟⲩ ⲉⲩϣⲁϫⲡⲉ ⲡϣⲏⲣⲉ
5 ϣⲁⲩⲕⲟⲧⲟⲩ ⲉⲣⲟⲟⲩ ⲟⲩⲁⲁⲩ ϩⲛ̄ⲛ ⲟⲩⲃⲗⲕⲉ
ⲁⲗⲗⲁ ⲉⲡⲉⲓ ⲟⲩⲥϩⲓⲙⲉ ⲧⲉ ⲙⲛ̄ ϭⲟⲙ˙ ⲁⲧⲣⲉⲥϫⲡⲉ
ϣⲏⲣⲉ ⲟⲩⲁⲁⲧⲥ ⲁⲡⲉⲓⲱⲧ˙ ⲧⲛ̄ⲛⲁⲩ ⲛⲁⲥ ⲉⲃⲟⲗ
ϩⲛ̄ ⲧⲡⲉ ⲙ̄ⲡⲉⲥϩⲟⲟⲩⲧ˙ ⲉⲧⲉ ⲡⲉⲥ̄ⲥⲟⲛ ⲡⲉ˙
ⲡϣⲟⲣⲡ˙ ⲙ̄ⲙⲓⲥⲉ ⲧⲟⲧⲉ ⲁⲡⲣⲙ̄ϣⲉⲗⲉⲉⲧ˙ ⲉⲓ
10 ⲁⲡⲓⲧⲛ̄ ϣⲁ ϫⲉⲗⲉⲉⲧ˙ ⲁⲥⲕⲱ ⲙⲉⲛ ⲛ̄ⲥⲱⲥ ⲛ̄

---

31 ⲉⲧⲁⲅⲁⲃϥ: ⲃ ajouté au-dessus de la ligne — 32 [ⲉⲩ]ϣⲁ̣[ⲗ]ⲱⲱⲙ (Wisse, Bethge, Layton); Krause: [ⲉϣⲁⲅⲗ]ⲱⲱⲙ; Schenke: [ⲉⲧⲁⲅⲗ]ⲱⲱⲙ — 33 ⲡ[ⲙⲟⲟⲩ ⲁⲩⲱ ⲛ̄ⲥ]ⲉⲧⲕⲧⲟⲟⲩ (Layton²); Krause: [ⲡϫⲱⲕⲙ ⲉⲡⲙⲟⲟⲩ] ⲉⲧⲕⲟⲟⲩ. Schenke, Bethge: ⲡ[ⲉⲓⲱ ⲉⲧⲣⲉ ⲛ̄ⲣⲁϩ]ⲉⲧ ⲕⲧⲟⲟⲩ; Wisse: ⲡ[ⲱⲛⲉ ⲁⲩⲱ ⲛ̄ⲥ]ⲉⲧⲕⲧⲟⲟⲩ — 35 Krause: ⲧⲉⲥⲙ̄ⲛ̄ⲧ[ⲃⲣⲣ]ⲉ̣ ⲧⲁ̣ⲓ.

mal°». Aussi longtemps donc° que l'âme°
court çà et là, s'unissant° à qui elle
15   rencontre, se souillant, elle est soumise à la souffrance°
de ce qu'elle mérite de subir; mais si°
elle perçoit° les souffrances dans lesquelles elle est,
qu'elle pleure (tournée) vers le Père et qu'elle se repente°,
alors° le Père lui fera miséricorde; il détournera
20   sa matrice° des réalités extérieures et de nouveau°
la tournera à l'intérieur; l'âme° recouvrera
sa disposition propre°. Car il n'en va pas (de l'âme) comme des
femmes : les matrices° corporelles° en effet sont
à l'intérieur du corps° comme les autres entrailles
25   tandis que la matrice° de l'âme° est tournée vers l'extérieur,
tout comme les organes° virils sont à
l'extérieur. Si donc la matrice° de l'âme°
se tourne, par la volonté du Père, vers l'
intérieur, elle est baptisée° et aussi-
30   tôt purifiée de la souillure extérieure
qui a été imprimée sur elle : de même que les
vê[tements, lorsqu'ils sont] tachés, on les met à
[l'eau et on] les retourne, jusqu'à ce que soient enlevées
leurs taches et qu'ils soient purifiés. Or la purification
35   de l'âme° est de recouvrer à l'[état neuf]

P. 132
son organe° premier et de se retourner :
c'est son baptême°. Alors° elle com-
mencera° à s'irriter contre elle-même, comme celles qui
accouchent, au moment où elles mettent l'enfant au monde,
5   se tournent contre elles-mêmes avec irritation.
Mais puisqu'°elle est femme, elle ne peut engendrer
d'enfant seule : le Père lui a envoyé du
ciel son mari, qui est son frère
premier-né. Alors° l'époux descendit
10   vers l'épouse. Elle quitta (+ μέν)

ΤΕΣΠΟΡΝΙΑ Ν̄ϢΟΡΠ ΑΣΤΟΥΒΟΣ ΑΝΧⲰ2Μ̄
Ν̄ΝΝΟΕΙΚ ΑΣΡΒΡΡΕ ΔΕ ΑΥΜ̄ΝΤϢΕΛΕΕΤ
ΑΣΤΟΥΒΟΣ 2Μ̄ ⟨Π⟩ΜΑ Ν̄ϢΕΛΕΕΤ ΑΣΜΑ2Ϥ Ν̄Τ†
ΝΟΥϤΕ ΑΣΜΟΟΣ Ν̄2ΟΥΝ Ν̄2ΗΤϤ ΕΣ6ⲰϢΤ
15 ΕΒΟΛ 2ΗΤϤ Μ̄ΠΡΜ̄ϢΕΛΕΕΤ ΜΜΕ ΟΥΚΕΤΙ
ΣΠΗΤ 2Ν̄ ΤΑΓΟΡΑ ΕΣΚΟΙΝⲰΝΕΙ ΜΝ̄ ΠΕΤⲤ̄
ΟΥΟϢϤ ΑΛΛΑ ΑΣ6Ⲱ ΕΣ6ΟϢΤ ΕΒΟΛ 2ΗΤϤ
ΧΕ ΑϢ Ν̄2ΟΟΥ ΕϤΝΝΗΥ ΕΣΡ̄2ΟΤΕ 2ΗΤϤ
ΝΕΣΣΟΟΥΝ ΓΑΡ ΑΝ Μ̄ΠΕϤΕΙΝΕ ΟΥΚΕ
20 ΤΙ ΣΡ̄ΠΜΕΕΥΕ ΧΙΝ ΠΟΥΟΕΙϢ Ν̄ΤΑΣ2Ε Ε
ΒΟΛ 2Μ̄ ΠΗΕΙ Μ̄ΠΕΣΕΙⲰΤ 2Μ̄ ΠΟΥⲰϢΕ
ΔΕ Μ̄ΠΕΙⲰΤ ΑΣΠΡ̄ΡΕ ΡΑΣΟΥ ΔΕ ΕΡΟϤ Ν̄ΘΕ
Ν̄ΝΙ2ΙΟΜΕ ΕΤΜΕ Ν̄ΝΙ2ΟΟΥΤ ΤΟΤΕ 6Ε
ΠΡΜ̄ϢΕΛΕΕΤ ΚΑΤΑ ΠΟΥⲰϢ Μ̄ΠΕΙⲰΤ
25 ΑϤΕΙ ΕΠΙΤΝ̄ ϢΑΡΟΣ Ε2ΟΥΝ ΕΠΜΑ Ν̄ϢΕ
ΛΕΕΤ ΕΤΣΒΤⲰΤ ΑϤΚΟΣΜΕΙ ΔΕ Μ̄ΠΝΥΜ
ΦⲰΝ ΕΠΓΑΜΟΣ ΓΑΡ ΕΤΜΜΑΥ ΕϤϢΟΟΠ
ΑΝ Ν̄ΘΕ Μ̄ΠΓΑΜΟΣ Ν̄ΣΑΡΚΙΚΟΣ ΝΕΤΑΡ
ΚΟΙΝⲰΝΕΙ ΜΝ̄ ΝΟΥΕΡΗΥ ϢΑΥΣΙ Ν̄ΤΚΟΙ
30 ΝⲰΝΙΑ ΕΤΜΜΑΥ ΑΥⲰ Ν̄ΘΕ Ν̄ΝΙΕΤΠⲰ
ϢΑΥΚⲰ Ν̄ΣⲰΟΥ Ν̄ΤΕΝⲰΧΛΗΣΙϹ [Ν]ΤΕ
ΠΙΘΥΜΕΙΑ ΑΥⲰ Ν̄ΣΕΤΜ̄[ΠΟΡΧΟΥ ΕΒ]ΟΛ
Ν̄ΝΟΥΕΡΗΥ ΑΛΛΑ ΠΕΕΙ [.....].. Ν̄ ΠΕ
ΠΕΕΙΓΑΜΟΣ ΑΛΛΑ ΕΥϢΑ[ΠⲰ2] Ν̄2ⲰΤⲢ̄
35 Α̲Ν̲[Ο]Υ̲[ΕΡΗ]Υ̲ ϢΑ̲ΥϢⲰΠΕ ΑΥⲰΝ2 ΟΥⲰΤ

P. 133

ΕΤΒΕ ΠΑΕΙ ΠΕΧΑϤ Ν̄6Ι ΠΕΠΡΟΦΗΤΗΣ
ΕΤΒΕ ΠϢΟΡΠ Ρ̄ΡⲰΜΕ ΜΝ̄ ΤϢΟΡΠ Ν̄Σ2Ι
ΜΕ ΧΕ ΣΕΝΑϢⲰΠΕ ΑΥΣΑΡΞ ΟΥⲰΤ ΝΕΥ
2ΟΤⲢ̄ ΓΑΡ ΕΝΟΥΕΡΗΥ Ν̄ϢΟΡΠ 2Α2ΤΜ̄ ΠΕΙⲰΤ
5 ΕΜΠΑΤΕΣ2ΙΜΕ ΣⲰΡΜ Μ̄ΦΟΟΥΤ ΕΤΕ
ΠΕΣΣΟΝ ΠΕ ΠΑΛΙΝ ΟΝ ΑΠΕΕΙΓΑΜΟΣ
ΣΟΟΥ2ΟΥ Ε2ΟΥΝ ΕΝΟΥΕΡΗΥ ΑΥⲰ ΑΤΨΥ
ΧΗ 2ⲰΤⲢ̄ Ε2ΟΥΝ ΕΠΕΣΜΕΡΕΙΤ ΝΑΜΕ ΠΕΣ

sa prostitution° première, elle se purifia des souillures
des amants et° se renouvela dans l'état d'épousée.
Elle se purifia dans la chambre nuptiale; elle la remplit
de parfum; elle s'y assit, guettant
15 l'époux véritable. Elle ne
court plus° sur la place publique°, s'unissant à qui elle
veut, mais° elle est demeurée à guetter
le jour où il viendra, en le redoutant
car° elle ne connaissait pas son aspect : elle
20 ne se le rappelle plus°, depuis le temps où elle est tombée
de la maison de son Père. Mais°, par la volonté
du Père, elle a rêvé (+ δὲ) de lui comme
les femmes amoureuses des hommes. Alors°
l'époux, selon la volonté du Père,
25 descendit vers elle dans la chambre nuptiale qui était prête, et° il orna° la chambre
nuptiale°. Ce mariage° en effet° n'est
pas comme le mariage° charnel° : ceux qui se sont
unis° l'un à l'autre sont comblés par cette
30 union°, et comme des fardeaux
abandonnent le tourment° du
désir°, et ils ne se [séparent] pas
l'un de l'autre. Mais° [± 8   ]
ce mariage°; mais° lorsqu'ils [atteignent] à l'union
35 [l'un avec l'autre, ils] deviennent une seule vie.

P. 133

C'est pourquoi le prophète° dit
du premier homme et de la première femme :
«ils deviendront une seule chair°». Ils étaient
en effet° unis l'un à l'autre au commencement auprès du Père,
5 avant que la femme n'égare l'homme, qui est
son frère. De nouveau° ce mariage°
les a réunis l'un à l'autre, et l'âme°
s'est unie à son bien-aimé véritable,

ϥⲩⲥⲓⲕⲟⲥ ⲛ̄ϫⲟⲉⲓⲥ ⲕⲁⲧⲁ ⲑⲉ ⲉⲧϥⲥⲏⲅ ϫⲉ ⲡⲭⲟ
10 ⲉⲓⲥ ⲅⲁⲣ ⲛ̄ⲧⲉⲥⲅⲓⲙⲉ ⲡⲉ ⲡⲉⲥⲅⲁⲓ̈ ⲁⲥⲟⲩⲱⲛϥ`
ⲇⲉ ϣⲏⲙ` ϣⲏⲙ` ⲁⲩⲱ ⲁⲥⲣⲁϣⲉ ⲅⲛ̄ ⲕⲉⲥⲟⲡ` ⲉⲥⲣⲓ
ⲙⲉ ⲅⲁⲧⲟⲟⲧϥ` ⲛ̄ⲧⲁⲣⲉⲥⲣ̄ⲡⲙⲉⲉⲩⲉ ⲛ̄ⲧⲉⲥⲁⲥ
ⲭⲏⲙⲟⲥⲩⲛⲏ ⲛ̄ⲧⲉⲥⲙⲛ̄ⲧⲭⲏⲣⲁ ⲛ̄ϣⲟⲣⲡ`
ⲁⲩⲱ ⲁⲥⲕⲟⲥⲙⲉⲓ ⲙ̄ⲙⲟⲥ ⲛ̄ⲅⲟⲩⲟ ϣⲓⲛⲁ ⲉⲥ
15 ⲛⲁⲣ ⲉⲛⲁϥ ⲛ̄ϭⲱ ⲅⲁⲧⲟⲟⲧⲥ̄ ⲡⲉⲭⲁϥ ⲇⲉ ⲛ̄ϭⲓ
ⲡⲉⲡⲣⲟⲫⲏⲧⲏⲥ ⲅⲛ̄ ⲛ̄ⲙⲯⲁⲗⲙⲟⲥ ϫⲉ ⲥⲱ
ⲧⲙ̄ ⲧⲁϣⲉⲉⲣⲉ ⲛ̄ⲧⲉⲛⲁⲩ ⲛ̄ⲧⲉⲣⲓⲕⲉ ⲙ̄ⲡⲉⲙⲁ
ⲁϫⲉ ⲛ̄ⲧⲉⲣ̄ ⲡⲱⲃϣ ⲙ̄ⲡⲟⲩⲗⲁⲟⲥ ⲙⲛ̄ ⲡⲛⲉⲓ
ⲙ̄ⲡⲉⲉⲓⲱⲧ ϫⲉ ⲁⲡⲣ̄ⲣⲟ ⲉⲡⲓⲑⲩⲙⲉⲓ ⲉⲡⲟⲩⲥⲁ
20 ⲉⲓⲉ ϫⲉ ⲛ̄ⲧⲟϥ ⲡⲉ ⲡⲟⲩϫⲟⲉⲓⲥ ϥⲣ̄ⲁⲝⲓⲟⲩ ⲅⲁⲣ
ⲙ̄ⲙⲟⲥ ⲁⲧⲣⲉⲥⲕⲧⲉ ⲡⲉⲥⲅⲟ ⲉⲃⲟⲗ` ⲙ̄ⲡⲉⲥ
ⲗⲁⲟⲥ ⲙⲛ̄ ⲡⲙⲏⲛϣⲉ ⲛ̄ⲛⲉⲥⲙⲟⲓⲭⲟⲥ ⲛⲁ
ⲉⲓ ⲛⲉⲥⲅⲛ̄ ⲧⲟⲩⲙⲏⲧⲉ ⲛ̄ϣⲟⲣⲡ ⲛⲉ ⲥⲣ̄ⲡⲣ[ⲟ]ⲥ
ⲉⲭⲉ ⲁⲡⲉⲥⲣⲣⲟ ⲟⲩⲁⲁⲧϥ` ⲡⲉⲥϥⲩⲥⲓⲕⲟⲥ
25 ⲛ̄ϫⲟⲉⲓⲥ ⲁⲩⲱ ⲛ̄ⲥⲣ̄ ⲡⲱⲃϣ ⲙ̄ⲡⲛⲉⲓ ⲙ̄ⲡⲉⲓ
ⲱⲧ` ⲙ̄ⲡⲕⲁⲅ ⲡⲁⲉⲓ ⲉⲛⲉϣⲟⲟⲡ ⲅⲁⲧⲟⲟⲧϥ`
ⲕⲁⲕⲱⲥ ⲛ̄ⲥⲣ̄ ⲡⲙⲉⲉⲩⲉ ⲛ̄ⲧⲟϥ ⲙ̄ⲡⲉⲥⲉⲓⲱⲧ
ⲉⲧⲅⲛ̄ ⲙ̄ⲡⲏⲩⲉ ⲧⲉⲉⲓ ⲟⲛ ⲧⲉ ⲑⲉ ⲉⲛⲧⲁⲩϫⲟ
ⲟⲥ ⲛ̄ⲁⲃⲣⲁⲅⲁⲙ ϫⲉ ⲁⲙⲟⲩ ⲉⲃⲟⲗ ⲅⲙ̄ ⲡⲉⲕ`
30 ⲕⲁⲅ ⲙⲛ̄ ⲧⲉⲕⲥⲩⲅⲅⲉⲛⲉⲓⲁ ⲁⲩⲱ ⲉⲃⲟⲗ ⲅⲙ̄
ⲡⲏ[ⲉ]ⲓ̈ ⲙ̄ⲡⲉⲕ`ⲉⲓⲱⲧ` ⲧⲁⲉⲓ ⲧⲉ ⲑⲉ ⲛ̄ⲧⲁⲣⲉⲧⲯⲩ
ⲭ[ⲏ ⲣ̄ⲕ]ⲟ[ⲥ]ⲙⲉⲓ ⲙ̄ⲙⲟⲥ ⲅⲛ̄ ⲧⲉⲥⲙⲛ̄ⲧⲥⲁⲉⲓⲉ
ⲟⲛ [ⲡⲁⲗⲓⲛ ⲁⲥ]ⲙⲉⲉⲧⲉ ⲉⲡⲉⲥⲙⲉⲣⲓⲧ`
ⲁⲩⲱ ⲛ̄[ⲧⲟϥ ⲅⲱ]ⲱϥ` ⲁϥⲙⲉⲣⲓⲧⲥ̄ ⲁⲩⲱ ⲛ̄
35 ⲧⲁⲣⲉⲥⲣ̄ⲕⲟ[ⲓ]ⲛⲱⲛⲉⲓ ⲛⲙ̄ⲙⲁϥ [ⲁ]ϥϫⲓ ⲙ̄

P. 134

ⲡⲉⲥⲡⲉⲣⲙⲁ ⲉⲃⲟⲗ ⲅⲓⲧⲟⲟⲧϥ̄ ⲉⲧⲉ ⲡⲡⲛⲁ̄
ⲡⲉ ⲉⲧ`ⲧⲛ̄ⲅⲟ ϣⲁⲛⲧⲉⲥϫⲡⲟ ⲛ̄ⲅⲛ̄ϣⲏⲣⲉ
ⲉⲃⲟⲗ ⲛ̄ⲅⲏⲧϥ` ⲉⲛⲁⲛⲟⲩⲟⲩ ⲛ̄ⲥⲥⲁⲛⲟⲩϣⲟⲩ
ⲡⲁⲉⲓ ⲅⲁⲣ` ⲡⲉ ⲡⲛⲟϭ ⲛ̄ⲧⲉⲗⲉⲓⲟⲛ ⲛ̄ⲑⲁⲩⲙⲁ
5 ⲛ̄ϫⲡⲟ ⲅⲱⲥⲧⲉ ⲡⲉⲉⲓⲅⲁⲙⲟⲥ ⲉϥϫⲱⲕ` ⲉⲃⲟⲗ
ⲅⲙ̄ ⲡⲟⲩⲱϣ ⲙ̄ⲡⲉⲓⲱⲧ` ϣϣⲉ ⲇⲉ ⲁⲧⲣⲉⲧⲯⲩ
ⲭⲏ ϫⲡⲟⲥ ⲟⲩⲁⲁⲧⲥ̄ ⲛ̄ⲥϣⲱⲡⲉ ⲟⲛ` ⲛ̄ⲧⲉⲥ

33 [ⲡⲁⲗⲓⲛ ⲁⲥ]ⲙⲉⲉⲧⲉ (Layton); [ⲡⲁⲗⲓⲛ ⲁⲥ†]ⲙⲉⲉⲧⲉ (Wisse); Krause: ⲟ[ⲛ ⲁⲧⲯⲩⲭⲏ]
ⲙⲉⲉⲧⲉ; Schenke: ϣ[ⲁⲥⲃⲱⲕ] ⲉⲙⲉⲉⲧⲉ; Bethge, Layton: [ⲁⲥⲃⲉⲡⲏ ⲉⲧ]ⲙⲉⲉⲧⲉ;
Browne: ⲟⲛ[ⲧⲱⲥ ⲟⲛ ⲁⲥ]ⲙⲉⲉⲧⲉ.

son seigneur naturel°, selon° qu'il est écrit : «car° le
10 seigneur de la femme est son mari». Or° elle le reconnut
peu à peu et elle se réjouit à nouveau, pleurant en sa présence au souvenir de la dis-
grâce° de son veuvage° antérieur.
Et elle se para davantage pour° qu'il
15 lui plaise de demeurer auprès d'elle. Or°
le prophète° dit dans les Psaumes° : «Écoute,
ma fille, vois, tends l'oreille
et oublie ton peuple° et la maison
de ton père, car le roi a désiré° ta beauté,
20 car c'est lui ton seigneur.» Il exige° d'elle en effet°
qu'elle détourne son visage de son
peuple° et de la foule de ses amants°,
au milieu desquels elle se trouvait auparavant. Elle est
attentive à son seul roi, son seigneur
25 naturel°, elle oublie la maison du père
terrestre auprès duquel elle était
dans une condition misérable°, et elle se souvient de son Père
qui est aux cieux. C'est ainsi encore qu'il fut dit
à Abraham : «Sors de ta
30 terre et de ta parenté° et de
la maison de ton père.» C'est ainsi, après que l'âme°
se fut parée en sa beauté,
[qu'à nouveau° elle] se complut en son bien-aimé
et lu[i auss]i l'aima ; et lorsqu'
35 elle se fut unie° à lui, elle reçut

P. 134
de lui la semence° qui est l'esprit°
vivifiant, pour engendrer par lui
de bons enfants et les nourrir.
Tel est en effet° le grand et parfait° miracle°
5 de la génération, en sorte que ce mariage° est accompli
par la volonté du Père. Or° il convient que l'âme°
s'engendre elle-même et revienne à son

ϩⲉ ⲛ̄ϣⲟⲣⲡ ⲧⲯⲩⲭⲏ ϭⲉ ϣⲁⲣⲉⲥⲕⲓⲙ ⲟⲩⲁ
ⲁⲧⲥ̄ ⲁⲩⲱ ⲁⲥϫⲓ ⲡⲑⲉⲓⲟⲛ ⲛ̄ⲧⲙ̄ ⲡⲉⲓⲱⲧ` ⲁ
10 ⲧⲣⲉⲥⲣ̄ ⲃⲣ̄ⲣⲉ ϫⲉⲕⲁⲁⲥ ⲟⲛ ⲉⲩⲛⲁϫⲓⲧⲥ` ⲉ
ⲡⲙⲁ ⲉⲛⲉⲥⲙⲙⲁⲩ ϫⲓⲛ` ϣⲟⲣⲡ` ⲧⲁⲉⲓ ⲧⲉ
ⲧⲁⲛⲁⲥⲧⲁⲥⲓⲥ ⲉⲧ`ϣⲟⲟⲡ ⲉⲃⲟⲗ ϩⲛ ⲛⲉⲧⲙⲟ
ⲟⲩⲧ` ⲡ`ⲁ`ⲉⲓ ⲡⲉ ⲡⲥⲱⲧⲉ ⲛ̄ⲧⲁⲓⲭⲙⲁⲗⲱⲥⲓⲁ ⲧⲁ
ⲉⲓ ⲧⲉ ⲧⲁⲛⲁⲃⲁⲥⲓⲥ ⲛ̄ⲃⲱⲕ` ⲉϩⲣⲁⲓ̈ ⲉⲧⲡⲉ ⲧⲁⲉⲓ
15 ⲧⲉ ⲑⲟⲇⲟⲥ ⲛ̄ⲃⲱⲕ` ⲉϩⲣⲁⲓ̈ ϣⲁ ⲡⲉⲓⲱⲧ` ⲇⲓⲁ
ⲧⲟⲩⲧⲟ ⲡⲉϫⲉ ⲡⲉⲡⲣⲟⲫⲏⲧⲏⲥ` ϫⲉ ⲧⲁⲯⲩ
ⲭⲏ ⲉⲣⲓⲉⲩⲗⲟⲅⲉⲓ ⲙ̄ⲡϫⲟⲉⲓⲥ ⲁⲩⲱ ⲛⲁⲡⲁⲥⲁ̄
ϩⲟⲩⲛ ⲧⲏⲣⲟⲩ ⲙ̄ⲡⲉϥⲣⲁⲛ` ⲉⲧⲟⲩⲁⲁⲃ ⲧⲁⲯⲩ
ⲭⲏ ⲉⲣⲓⲉⲩⲗⲟⲅⲉⲓ ⲙ̄ⲡⲛⲟⲩⲧⲉ ⲡⲉⲛⲧⲁϩⲕⲱ
20 ⲉⲃⲟⲗ ⲛ̄ⲛⲉⲁⲛⲟⲙⲓⲁ ⲧⲏⲣⲟⲩ ⲡⲉⲛⲧⲁϩⲧⲁⲗ
ϭⲟ ⲛ̄ⲛⲉϣⲱⲛⲉ ⲧⲏⲣⲟⲩ ⲡⲉⲛⲧⲁϩⲥⲱⲧⲉ
ⲙ̄ⲡⲉⲱⲛϩ ⲉⲃⲟⲗ ϩⲙ̄ ⲡⲙⲟⲩ ⲡⲉⲛⲧⲁϩϯ
[ⲕ]ⲗⲟⲙ` ⲉϫⲱ ϩⲛ ⲟⲩⲛⲁ ⲡⲉⲧ`ⲧ⟨ⲥ⟩ⲓⲟ ⲛⲧ`ⲉ´ⲉⲡⲓ
[ⲑ]ⲩⲙⲓⲁ ϩⲛ̄ ⲛⲁⲅⲁⲑⲟⲛ ⲧⲉⲙⲛⲧⲕⲟⲩⲉⲓ ⲛⲁ
25 ⲣ̄ ⲃⲣ̄ⲣⲉ ⲛ̄ⲑⲉ ⲛ̄ⲧⲁⲟⲩⲁⲉⲧⲟⲥ ⲉⲥϣⲁⲣ̄ ⲃⲣ̄ⲣⲉ
ϭⲉ ⲥⲛⲁⲃⲱⲕ` ⲉϩⲣⲁⲓ̈ ⲉⲥⲥⲙⲟⲩ ⲉⲡⲉⲓⲱⲧ`
ⲙ̄ⲛ ⲡⲉⲥⲥⲟⲛ ⲡⲁⲉⲓ ⲛ̄ⲧⲁⲥⲟⲩϫⲁⲉⲓ ⲉⲃⲟⲗ
ϩⲓⲧⲟⲟⲧϥ̄ ⲧⲁⲉⲓ ⲧⲉ ⲑⲉ ⲛ̄ⲧⲯⲩⲭⲏ ⲉⲥⲛⲁⲟⲩ
ϫⲁⲉⲓ ϩⲓⲧⲛ̄ ⲡⲉϫⲡⲟ ⲛ̄ⲕⲉⲥⲟⲡ` ⲡⲁⲉⲓ ⲇⲉ
30 ⲉⲃⲟⲗ ϩⲛ̄ ⲛ̄ϣⲁϫⲉ ⲁⲛ ⲛ̄ⲁⲥⲕⲏⲥⲓⲥ ⲉϣⲁϥ`
ⲉⲓ ⲟⲩⲇⲉ ⲉⲃⲟⲗ ⲁⲛ ϩⲛ̄ ⲛ̄ⲧⲉⲭⲛⲏ ⲟⲩ[ⲇ]ⲉ ⲛ̄
ⲥⲃⲱ ⲛ̄ⲥϩⲁⲓ̈ ⲁⲗⲗⲁ ⲧⲭⲁⲣⲓ[ⲥ] ⲙ̄ⲡ[ⲉ]ⲓ̈[ⲱⲧ ⲧ]ⲉ̣
ⲁⲗⲗⲁ ⲧⲇⲱⲣⲉⲁ ⲙ̄ⲡⲛ[ⲉⲩⲙⲁⲧⲓⲕⲏ ⲛⲧ]ⲙⲉ
ⲡⲉⲉⲓϩⲱⲃ ⲅⲁⲣ ⲟⲩⲉⲓⲉⲓ ⲡⲉ ⲙ̣[ⲡⲉⲡⲛⲁ̄] ⲡⲉ` ⲇⲓⲁ
35 ⲧⲟ̣[ⲩ]ⲧⲟ̣ [ϥⲁ]ϣ̣ⲕⲁⲕ` ⲉⲃⲟⲗ ⲛ̄ϭ̣ⲓ ⲡⲥⲱⲧⲏⲣ`

P. 135

ϫⲉ ⲙⲛ̄ ⲗⲁⲁⲩ ⲛⲁϣ ⲉⲓ ϣⲁⲣⲟⲉⲓ ⲉⲓⲙⲏⲧⲓ ⲛ̄
ⲧⲉⲡⲁⲉⲓⲱⲧ` ⲥⲱⲕ ⲙ̄ⲙⲟϥ ⲛ̄ϧⲛⲧϥ̄ ⲛⲁⲉⲓ
ⲁⲩⲱ ⟨ⲁ⟩ⲛⲟⲕ` ϩⲱ ϯⲛⲁⲧⲟⲩⲛⲟⲥϥ` ϩⲙ̄ ⲫϩⲁⲉ ⲛ̄
ϩⲟⲟⲩ ϣϣⲉ ϭⲉ ⲉϣⲗⲏⲗ` ⲉⲡⲉⲓⲱⲧ ⲛ̄ⲧⲙⲙⲟⲩ

9 Bethge: ⟨ϣ⟩ⲁⲥϫⲓ — 13 ⲡⲁⲉⲓ: ⲁ ajouté au-dessus de la ligne — 20 ⲛ̄ⲛⲉⲁⲛⲟⲙⲓⲁ: un ⲛ ou un ⲙ barré entre ⲉ et ⲁ — 23 ⲧ⟨ⲥ⟩ⲓⲟ corr. pour ⲧⲉⲓⲟ (sic) — 32 Krause: ⲧⲭⲁⲣⲓ[ⲥ] ⲙ̄[ⲡⲛⲟⲩⲧ]ⲉ; Bethge: ⲧⲭⲁⲣⲓ[ⲥ] ⲛ̄ⲧ[ⲉⲗⲓⲟⲥ ⲧ]ⲉ — 33 ⲙ̄ⲡⲛ[ⲉⲩⲙⲁⲧⲓⲕⲏ ⲛⲧ]ⲙⲉ (Bethge, Schenke); Krause: ⲙ̄ⲡⲛ[ⲟⲩⲧⲉ ⲧⲉ ⲙ̄ⲡⲣⲱ]ⲙⲉ — 34 Layton: ⲟⲩⲉⲓⲉⲓ ⲡⲉ ⲙ̣[ⲡⲥⲁ]ⲛ̣ⲧ ⲡⲉ.
3 ⲫϩⲁⲉ sic; corriger en ⲫⲁⲉ — 4 Bethge: ⲉ⟨ⲧⲣⲉⲛ⟩ϣⲗⲏⲗ.

état premier. L'âme° se meut donc d'elle-
même, et elle a reçu du Père le divin°
10 pour se renouveler, afin d'être reconduite
là où elle était à l'origine. C'est
la résurrection° d'entre les morts,
c'est le rachat de l'emprisonnement°,
c'est l'ascension° pour monter au ciel,
15 c'est le chemin° pour monter au Père. C'est
pourquoi° le prophète° dit : «Mon âme°,
bénis° le Seigneur, et
tout ce qui est en moi, son saint nom. Mon âme°,
bénis Dieu qui a pardonné
20 tous tes péchés°, qui a guéri
toutes tes maladies, qui a sauvé
ta vie de la mort, qui t'a
couronnée de miséricorde, qui rassasie
de biens° ton désir°; ta jeunesse
25 se renouvellera comme celle d'un aigle.» Lors donc qu'elle se sera
renouvelée,
elle s'élèvera, bénissant le Père
et son frère par qui elle a été sauvée.
C'est ainsi que l'âme sera
sauvée par la régénération. Cela pourtant°
30 ne se produit pas par des paroles d'ascèse°,
ni° par des techniques°, ni° par des
enseignements écrits; mais° c'est la grâce du [Pèr]e,
mais° c'est le don° [spirituel de la véri]té.
Cette œuvre en effet° est une [opération de l'esprit°]. C'est
35 pourquoi° le Sauveur° s'écrie :

P. 135
«Personne ne pourra venir à moi si
mon Père ne l'attire et ne le mène à moi;
et moi-même je le ressusciterai au dernier
jour.» Il nous faut donc prier le Père et l'appeler

5 ΤΕ ΕϨΡΑΪ ΕΡΟϤ˙ ϨΝ ΤΜΨΥΧΗ ΤΗΡⲤ ϨΝ ΝⲤΠΟ
ΤΟΥ ΑΝ ΜΠⲤΑ ΝΒΟΛ˙ ΑΛΛΑ ϨΜ ΠΝΕΥΜΑ
ΕΤϨΙ ΠⲤΑ ΝϨΟΥΝ ΠΕΝΤΑϨΙ ΕΒΟΛ ϨΜ ΠΒΑ
ΘΟⲤ ΕΝΕϢΕϨΟΜ ΕΝΡΜΕΤΑΝΟΕΙ ΕϪΜ
ΠΒΙΟⲤ ΝΤΑϨΝΝΑΑϤ˙ ΕΝΡΕϨϨΟΜΟΛΟΓΕΙ
10 ΝΝΟΒΕ ΕΝΑΙⲤΘΑΝΕ ΕΤ˙ΠΛΑΝΗ ΕΤϢΟΥ
ΕΙΤ˙ ΤΑΕΙ ΝΕΝ˙ϢΟΟΠ˙ ΝϨΗΤⲤ ΑΥΩ ΑΤⲤΠΟΥ
ΔΗ ΕΤϢΟΥΕΙΤ˙ ΕΝΡΙΜΕ ΝΘΕ ΝΕΝϢΟΟΠ˙
ϨΜ ΠΚΑΚΕ ΜΝ ΦΟΕΙΜ ΕΝΡΠΕΝΘΕΙ ΝΑΝ
ΟΥΑΑΝ ϪΕΚΑΑⲤ ΕϤΝΑΝΑ ΝΑΝ ΕΜΜΟⲤΤΕ
15 ΜΜΟΝ ΝΘΕ ΕΤΝΝϨΗΤⲤ ΤΕΝΟΥ ΠΑΛΙΝ
ΠΕϪΑϤ ΝϬΙ ΠⲤΩΤΗΡ ϪΕ ϨΜΜΑΚΑΡΙΟⲤ
ΝΕ ΝΑΕΙ ΕΤΠΕΝΘΕΙ ϪΕ ΝΤΟΟΥ ΠΕ ΕΤΟΥΝΑ
ΝΑ ΝΑΥ ϨΜΜΑΚΑΡΙΟⲤ ΝΕΤϨΚΑΕΙΤ˙ ϪΕ Ν
ΤΟΟΥ ΠΕ ΕΤΝΑⲤΕΙ ΠΑΛΙΝ ΠΕϪΑϤ ϪΕ Ε[Ρ]
20 ΤΜΟΥΑ ΜΕⲤΤΕ ΤΕϤΨΥΧΗ ϤΝΑϢ ΟΥϨΑϤ
ΑΝ˙ ΝⲤΩΕΙ ΤΑΡΧΗ ΓΑΡ ΜΠΟΥϪΑΕΙ ΠΕ Τ˙
ΜΕΤΑΝΟΙΑ ΔΙΑ ΤΟΥΤΟ ϨΑΤΕϨΗ ΝΤΠΑ
ΡΟΥⲤΙΑ ΜΠΕΧΡⲤ ΑϤΙ ΝϬΙ ΪΩϨΑΝΝΗⲤ [ΕϤ]
ΚΗΡΥⲤⲤΕ ΜΠΒΑΠΤΙⲤΜΑ ΝΤΜΕΤΑΝΟΙΑ˙
25 ΤΜΕΤΑΝΟΙΑ ΔΕ ϢΑⲤϢΩΠΕ ϨΝ ΟΥΛΥΠΗ˙
ΜΝ ΟΥΜΚΑϨ ΝϨΗΤ˙ ΠΕΙΩΤ ΔΕ ΟΥΜΑΕΙ
ΡΩΜΕ ΠΕ ΝΑΓΑΘΟⲤ ΑΥΩ ΕϤⲤΩΤΜ ΑΤ˙
ΨΥΧΗ ΕΤΡΕΠΙΚΑΛΕΙ ΕϨΡΑΪ ΕΡΟϤ˙ ΑΥΩ ΝϤ˙
ΤΝΝΑΥ ΝΑⲤ ΜΠΟΥΟΕΙΝ ΝΝΟΥϪΑΕΙ ΔΙΑ
30 ΤΟΥΤΟ ΠΕϪΑϤ ϨΙΤΜ ΠΕΠΝΑ ΜΠΕΠΡΟ
Φ[ΗΤ]ΗⲤ ϪΕ ϪΟΟⲤ ΝΝϢΗΡΕ ΜΠΑΛΛΑΟⲤ
Ϫ[Ε ΕΡϢΑ]ΝⲈ[Τ]ΝΝΟΒΕ ϢΩΠΕ ΕΥΟΥΝΟΥ
Ϫ[ΙΜ ΠΚΑϨ ϢΑΤ]ΠΕ ΑΥΩ ΕΥϢΑϢΩΠΕ
ΕΥΤΡ[ΕϢΡΑ]Ϣ ΝΘΕ ΜΠΚΟΚ˙ΚΟⲤ ΑΥΩ
35 ΕΥΚΗΜ ΝϨΟΥΟ ΕΥΒΟ[Ο]Υ[ΝΕ ΑΥΩ ΝΤΕ]

P. 136

ΤΝΚΟΤ ΤΗΥΤΝ ϢΑΡΟΕΙ ϨΝ ΤΕΤΝΨΥΧΗ
ΤΗΡⲤ ΑΥΩ ΝΤΕΤΝϪΟΟⲤ ΕϨΡΑΪ ΕΡΟΕΙ ϪΕ
ΠΑΕΙΩΤ˙ ΤΝΑⲤΩΤΜ ΕΡΩΤΝ ΝΘΕ ΝΝΟΥ

32 Browne: Ϫ[Ε ΕΡ]ϢΑ ΝΕΤΝΝΟΒΕ; Krause: Ϫ[Ε ΕϢΩΠΕ ΝΕΤ]ΝΝΟΒΕ — 35 ...ΑΥΩ
ΝΤΕ] (Browne); Krause: ΕΤΕ].

5   de toute notre âme°, non des
       lèvres extérieures, mais de l'esprit°
       intérieur, issu de la profon-
       deur° : sangloter, nous repentir° de
       la vie° que nous avons menée, confesser°
10   nos péchés, prendre conscience° de l'erreur° vaine
       dans laquelle nous étions et de l'empressement°
       vain, pleurer sur la façon dont nous étions
       dans l'obscurité et la tempête, nous lamenter° sur nous-
       mêmes pour qu'il nous fasse miséricorde, nous détester°
15   tels que nous sommes maintenant.
       Le Sauveur° dit encore : «Heureux° les
       affligés°, car c'est à eux qu'il sera fait
       miséricorde. Heureux° les affamés, car c'est eux
       qui seront rassasiés.» Il dit encore° :
20   «Si quelqu'un ne hait pas son âme°, il ne pourra
       me suivre.» Car le commencement° du salut est le
       repentir°. C'est pourquoi avant que ne
       paraisse° le Christ° vint Jean,
       prêchant° le baptême° du repentir°.
25   Or le repentir° advient dans le chagrin°
       et l'affliction. Mais° le Père est
       philanthrope° et bon, et il écoute
       l'âme° qui l'invoque°, et il
       lui envoie la lumière salutaire. C'est
30   pourquoi° il dit par l'esprit° du pro-
       phète° : «Dis aux enfants de mon peuple° :
       si vos péchés atteignent
       de [la terre jusqu'au] ciel, qu'ils soient
       ro[uges] comme l'écarlate° et
35   plus noirs que la toile de sac [et que]

P. 136
       vous vous tourniez vers moi de toute votre âme°
       et me disiez :
       "Mon Père!" je vous écouterai comme un

λαος εϥ῾ογααв πалιн кεма ϥχω ммос
5 ѣтεειϩε ѣбι пхоεіс пετογаав ѣтε пι
сраɦλ χε ϩотан εκϣакток῾ ѣкεϣεϩом
тотε кнаογаѥі агω кнаειмε χε νεκτω̄
ѣϩοογ εκнаϩтε анιпετ῾ϣογειτ῾ пални
пεχаϥ ѣкεма χε θιερογсалнм῾ ϩ̄ν ογ
10 ріме асріме χε на наει ϥнана ѣτεсмн
мпεріме агω ѣтарεϥнаг аϥсωтѣ εро῾
агω пхоεіс нат нѣтѣ ѣ̄νογοεικ῾ ѣθли
ψιс мѣν ογмοογ ѣλωχϩ сεнасωте ан
χιν῾ τεнογ ετρογτϩνο εϩογн εро ѣбι
15 ⟨ν⟩ετꝑпλана νεваλ нанаг ан῾ετꝑпλана
ммо ϩωсτε ϣϣε аꝑпросεγχεсθаι ε
пногтε ѣтогϣн мѣν пεϩοογ εм῾пωрϣ
ѣѣбιχ εϩраї εроϥ῾ ѣθε ѣνετϩ̄ν тмнтε
ѣθаλасса ετпλεа ϣαγϣλнλ εпног
20 [т]ε ϩ̄м поγϩнт тнрϥ῾ ϩ̄νν ογϩγпокрісіс
ан χε νετ῾просεγχεсθаι ϩ̄νν ογϩγ
покрісіс εγапата ѣ̄ммоог ογатог ε
[пн]ογτε гар бωϣτ῾ ѣса ѣбλатε агω῾
[ѣϥ] могϣт ѣ̄мϕнт῾ ετмпса мпιτ̄ν
25 ετрεϥ῾ειме επаϩιос ѣνογχаει мѣν λα
аг гар оει ѣ̄аϩιос мпогхаει ετι εϥме
ѣ̄мптопос ѣτεпλанн діа тоγто ϥснϩ
ϩ̄м поінтнс χε оλγссεγс нεϥϩмоос
ϩι тмоγε εϥріме агω εϥλγпει εϥкто
30 ѣ̄мпεϥϩо εвоλ ѣ̄νϣαχε ѣκалгψω
мѣν нεсапатн εϥεпιθγмει ετрεϥнаг
επεϥтме агω εγкапнос εϥн̣[ннγ] ε
воλ῾ммоϥ῾ агω савн[λ χε аϥχι нног]во
нθεια εвоλ῾ ϩ̄ν тпε ɴ̣[εϥнактоϥ] а̣
35 επεϥтме῾ пални ткεϩ[ελε]н̣н εсχω
[ммос χε паϩ]н̣т῾ аϥктоϥ нтоот палӣ

4 Bethge: ⟨ν⟩кεма — 15 ⟨ν⟩ετꝑпλана, correction pour пετꝑпλана (sic) —
33 савн[λ χε аϥχι нног]во (Wisse, Bethge, Browne); Krause: савн[λ капнос
ог]во; Schenke: савн[λ χε нεγнтаϥ] в̣о — 34 нεϥнаϣ]к̣о̣[тϥ]а̣(ν) (Layton);
Krause: ɴ̣[ϥɴ̄тϥ пали]; Schenke: ɴ̣[εϥнасто а̄]; Browne: ɴ[εϥнаϣ]н̣а̣[γ]а̣(ν) —
35 Krause: ткε[ψγ]хн̣ — 36 [паϩ]нт (Wisse); Krause: [паϩοογ]т; Bethge:
[памεрι]т.

peuple[o] saint.» Ailleurs encore : «Ainsi
5   parle le Seigneur, le Saint d'Israël :
si tu te convertis et si tu sanglotes,
alors tu seras sauvé et tu sauras où tu étais
le jour où tu as cru aux vanités.» Il dit encore[o]
ailleurs : «Jérusalem
10 en larmes a pleuré : "Aie pitié de moi!" Il aura pitié de la voix
de tes larmes; et lorsqu'il a vu, il t'a écoutée.
Et le Seigneur vous donnera du pain d'affliction[o] et de l'eau d'oppression. Ils ne
t'approcheront plus dorénavant,
15 ceux qui t'égarent[o]; tes yeux verront ceux qui t'égarent[o].»
C'est pourquoi[o] il faut prier[o]
Dieu nuit et jour, tendant
nos mains vers lui comme ceux qui se trouvent en pleine
mer à naviguer[o] prient Dieu
20 de tout leur cœur, sans hypocrisie[o],
parce que ceux qui prient[o] hypocri-
tement[o] se trompent[o] eux-mêmes,
car[o] Dieu sonde les reins
et examine le fond du cœur
25 pour savoir qui est digne[o] du salut. Personne
en effet[o] n'est digne[o] du salut s'il aime encore[o]
le lieu[o] de l'erreur[o]. C'est pourquoi[o] il est écrit
dans le Poète[o] qu'Ulysse était assis
sur l'île, pleurant et triste, détournant
30 son visage des paroles de Calypso
et de ses tromperies[o], désirant[o] voir
son village et une fumée[o] qui s'en élève.
Et, à moins [d'avoir reçu un] secours[o] du ciel, [il n'aurait pu rentrer]
35 dans son village. De même [Hélène] aussi dit :
[«Mon cœur] en moi s'est retourné :

P. 137

ⲉⲉⲓⲟⲩⲱϣ ⲃⲱⲕˋ ⲉⲡⲁⲛⲉⲓ ⲛⲉⲥⲁϣⲉϩⲟⲙ ⲅⲁⲣˋ
ⲉⲥⲭⲱ ⲙ̄ⲙⲟⲥ ϫⲉ ⲁⲫⲣⲟⲇⲓⲧⲏ ⲧⲉⲛⲧⲁϩⲣⲁ
ⲡⲁⲧⲁ ⲙ̄ⲙⲟⲉⲓ ⲁⲥⲛ̄ⲧ ⲉⲃⲟⲗˋ ⲙ̄ⲡⲁⲧ̄ⲙⲉ ⲧⲁϣⲣ
ⲟⲩⲟⲟⲧⲥ̄ ⲁϩⲓⲕⲁⲁⲥ ⲛ̄ⲥⲱⲉⲓ ⲁⲩⲱ ⲡⲁϩⲁⲉⲓ
5　ⲉⲧⲛⲁⲛⲟⲩϥˋ ⲣ̄ⲣⲙ̄ⲛ̄ϩⲏⲧˋ ⲛ̄ⲥⲁⲉⲓⲉ ϩⲟⲧⲁⲛ
ⲅⲁⲣ ⲉⲣϣⲁⲛⲧⲯⲩⲭⲏ ⲕⲱ ⲛ̄ⲥⲱⲥ ⲙ̄ⲡⲉⲥϩⲁⲓ
ⲛ̄ⲧⲉⲗⲉⲓⲟⲥ ⲉⲧⲃⲉ ⲧⲁⲡⲁⲧⲏ ⲛ̄ⲧⲁⲫⲣⲟⲇⲉⲓⲧⲏ
ⲧⲁⲉⲓ ⲉⲧϣⲟⲟⲡˋ ϩⲙ̄ ⲡⲉⲭⲡⲟ ⲙ̄ⲡⲉⲉⲓⲙⲁ ⲧⲟ
ⲧⲉ ⲥⲛⲁⲣⲃⲗⲁⲡⲧⲉⲥⲑⲁⲓ ⲉⲥϣⲁⲛⲁϣⲉϩⲟⲙˋ
10　ⲇⲉ ⲛ̄ⲥⲣ̄ⲙⲉⲧⲁⲛⲟⲉⲓ ⲥⲉⲛⲁⲕⲧⲟⲥ ⲉϩⲟⲩⲛˋ ⲉⲡⲉⲥ
ⲏⲉⲓ ⲕⲁⲓⲅⲁⲣ ⲡⲓⲥⲣⲁⲏⲗˋ ⲙ̄ⲡⲟⲩϭⲛ̄ ⲡⲉϥϣⲓⲛⲉ
ⲛ̄ϣⲟⲣⲡˋ ⲉⲧⲣⲟⲩⲛ̄ⲧϥ̄ ⲉⲃⲟⲗ ϩⲙ̄ ⲡⲕⲁϩ ⲛ̄ⲕⲏⲙⲉ
ϩⲙ̄ ⲡⲏⲉⲓ ⲛ̄ⲧⲙⲛⲧϩⲙ̄ϩⲁⲗ ⲉⲓⲙⲏⲧⲓ ϫⲉ ⲁϥˋⲉ
ϣⲉϩⲟⲙˋ ⲉϩⲣⲁⲓ ⲉⲡⲛⲟⲩⲧⲉ ⲁϥⲣⲓⲙⲉ ⲙ̄ⲡⲗⲱⲭϩ
15　ⲛ̄ⲛⲉϥϩⲃⲏⲩⲉ ⲡⲁⲗⲓⲛ ϥⲥⲏϩ ϩⲛ̄ ⲙ̄ⲯⲁⲗⲙⲟⲥ
ϫⲉ ⲁⲉⲓϩⲓⲥⲉ ⲉⲙⲁⲧⲉ ϩⲙ̄ ⲡⲁⲁϣⲉϩⲟⲙˋ ϯⲛⲁ
ϫⲱⲕⲙ̄ ⲙ̄ⲡⲁⲃⲗⲟϭ ⲙⲛ̄ ⲡⲁⲡⲣⲏϣ ⲕⲁⲧⲁ ⲟⲩ
ϣⲏ ϩⲛ̄ ⲛⲁⲣⲙ̄ⲙⲉⲓⲏ ⲁϩⲓⲣ ⲁⲥ ϩⲣⲁⲓ ϩⲛ̄ ⲛⲁ[ϫⲁ]
ϫⲉ ⲧⲏⲣⲟⲩ ⲥⲁϩⲉ ⲧⲏⲩⲧⲛ̄ ⲉⲃⲟⲗ ⲙ̄ⲙⲟⲉⲓ ⲟ[ⲩ]
20　ⲟⲛ ⲛⲓⲙˋ ⲉⲧⲣ̄ ϩⲱⲃˋ ⲉⲧⲁⲛⲟⲙⲓⲁ ϫⲉ ⲉⲓⲥ ⲡⲭ[ⲟ]
ⲉⲓⲥ ⲁϥⲥⲱⲧⲙ̄ ⲉⲡⲁϣⲕⲁⲕˋ ⲙ̄ⲡⲁⲣⲓⲙⲉ ⲁⲩ
ⲱ ⲁⲡϫⲟⲉⲓⲥ ⲥⲱⲧⲙ̄ ⲉⲡⲁⲥⲟⲡⲥ̄ ⲉϣⲱⲡ[ⲉ]
ⲧⲛⲁⲣⲙⲉⲧⲁⲛⲟⲉⲓ ⲛⲁⲙⲉ ⲡⲛⲟⲩⲧⲉ ⲛ[ⲁ]
ⲥⲱⲧⲙ̄ ⲉⲣⲟⲛ ⲡϩⲁⲣϣ̄ϩⲏⲧˋ ⲁⲩⲱ ⲡⲁⲡⲛⲟϭ
25　ⲛ̄ⲛⲁ ⟨ⲡ⟩ⲁⲉⲓ ⲉⲧⲉ ⲡⲱϥ ⲡⲉ ⲡⲉⲟⲟⲩ ϣⲁ ⲛⲓⲉ
ⲛⲉϩ ⲛ̄ⲉⲛⲉϩ ϩⲁⲙⲏⲛ: ⟩⟩⟩⟩⟩⟩⟩⟩⟩———
ⲧⲉⲝⲏⲅⲏⲥⲓⲥ ⲉⲧⲃⲉ ⲧⲯⲩⲭⲏ

_____

25 ⲡⲁⲉⲓ, correction pour ⲛⲁⲉⲓ (sic).

P. 137

je veux revenir (+ πάλιν) à ma maison. » Elle sanglotait en effet[0],
disant : «C'est Aphrodite
qui m'a trompée[0]. Elle m'a enlevée de mon village. Ma fille
unique, je l'ai abandonnée, avec mon mari
5   bon, sage et beau.» En effet[0], si
l'âme[0] abandonne son mari
parfait[0] à cause de la tromperie[0] d'Aphrodite
— celle qui est dans la génération de ce lieu — alors[0]
elle subira des dommages[0]; mais si elle sanglote
10 et qu'elle se repente, elle sera ramenée vers
sa maison. Aussi bien[0] Israël ne fut d'abord
visité pour être emmené de la terre d'Égypte,
de la maison d'esclavage, que[0] parce qu'il
sanglota devant Dieu et pleura sur l'oppression
15 de ses œuvres. Il est encore[0] écrit dans les Psaumes[0] :
«J'ai peiné d'abondance en mes sanglots; je
baignerai mon lit et ma couche, chaque[0]
nuit, de mes larmes. J'ai vieilli parmi
tous mes ennemis. Eloignez-vous de moi,
20 vous tous qui faites œuvre de transgression[0], car voici que le
Seigneur a entendu le cri de mes larmes, et
le Seigneur a entendu ma prière.» Si
nous nous repentons[0] vraiment, Dieu nous
entendra, qui est longanime et grandement
25 miséricordieux, et à qui est la gloire pour les
siècles des siècles. Amen.
L'Exégèse[0] de l'âme[0].

COMMENTAIRE

p. 127,18

Le titre, *L'Exégèse de l'âme*, figure en tête et en fin (137,27) de l'ouvrage. ⲈⲦⲂⲈ ⲦⲮⲨⲬⲎ correspond bien au grec περὶ ψυχῆς; mais ce titre, à s'en tenir à la structure classique des traités sur l'âme (nature de l'âme, chute ou incarnation, sort de l'âme incarnée, eschatologie[1]), convient mieux à partie didactique de l'écrit (127,18-134,24) qu'à sa partie parénétique. Il en va de même du mot ⲈⳘⲅⲎⲤⲒⲤ qui ne désigne pas un commentaire exégétique de textes, comme pourrait l'entendre un moderne[2], bien que l'utilisation des textes scripturaires comme preuves suppose une exégèse allégorique. C'est un exposé à caractère religieux; on peut aller jusqu'à entendre le mot au sens de révélation[3].

p. 127,19-25 : La nature de l'âme (19-22) et sa condition originelle (22-25)

a. 127,19-21. La première assertion est celle de la féminité de l'âme. Elle s'appuie sur la correspondance entre le nom (ⲢⲀⲚ) féminin qui la désigne, et sa nature (ⲪⲨⲤⲒⲤ), entre l'ordre du langage (ⲦⲞⲚⲞⲘⲀⲤⲒⲀ) et celui de la réalité (ⲞⲚⲦⲰⲤ) : la réalité précède et fonde le langage. C'est bien sur le sens du mot grec que le texte s'appuie; l'anthropologie est binaire (âme/corps) et non ternaire (esprit/âme/corps) comme elle le serait en milieu sémitique. La féminité de l'âme est évidemment un lieu commun hellénistique. Dans la gnose, elle s'impose dans les systèmes où apparaît la notion de syzygie et où la partie spirituelle de l'homme est la nymphe[4]. Par la référence à des «sages» antérieurs, l'auteur renvoie à une donnée considérée comme traditionnelle[5] mais dont l'introduction

---

[1] A.J. Festugière, *La Révélation d'Hermès Trismégiste* (*EB*), III : *Les doctrines de l'âme*, Paris, 1953, p. 1-26.

[2] Cf. R.McL. Wilson, «Old Testament Exegesis», p. 217-224; H.M. Schenke, «Sprachliche und exegetische Probleme», c. 5 : «Die Exegese der Heiligen Schrift(en) hinsichtlich der Seele».

[3] Voir l'usage de ἐξηγεῖσθαι en Jn 1, 18, cf. Liddel-Scott, 593; J. Kittel, in *TWNT*, II, p. 910 et les commentaires de Jn 1, 18, p. ex. C.K. Barrett, *The Gospel according to St John*, Londres, 1955, p. 141; R. Schnackenburg, *Das Johannesevangelium*, I. Teil, Fribourg, 1965, p. 254.

[4] P. ex. EvPhil, cf. J.-M. Sevrin, «Les noces spirituelles dans l'Evangile selon Philippe», *Le Muséon* 87 (1974) 143-193, p. 144-163.

[5] Philon, *Leg. All.*, 3, 180, cf. H. Jonas, *op. cit.*, II, 1, p. 39, n. 1.

annonce le développement sur le retournement de la matrice en 131, 19 ss.

b. 127,23-25. C'est la seule fois dans l'ExAm qu'il soit fait mention de la condition androgynique originelle de l'âme. L'image de son frère-époux qui apparaîtra par la suite (132,8-9; 134,27) renvoie, plutôt qu'à l'androgyne, à l'image de la syzygie telle qu'on la trouve chez les valentiniens. Ce frère-époux ne peut d'ailleurs être simplement l'autre partie de l'androgyne originel, puisqu'il est dit «premier-né» (ϣορπ ⲙ̄ⲙⲓⲥⲉ, 132,9). La virginité ne s'accorde pas mieux avec l'image des noces premières; mais elle est évoquée en d'autres endroits de l'écrit (128,1; 129, 1, 129,22 cit.). Elle est évidemment mise en contraste avec la description appuyée des turpitudes que l'âme aura à subir (127,28-128,16). Les différentes images empoyées pour désigner la condition originelle de l'âme (androgyne, couple, vierge, ayant la matrice tournée vers l'intérieur) ne sont pas unifiées en un système de représentation cohérent; mais ce qu'elles visent est cependant unique et simple, à savoir un état séparé du monde (vierge, matrice à l'intérieur), unifié et suffisant (androgyne et couple).

p. 127,25-29 : Chute, incarnation et souillure de l'âme

La construction est parallèle à celle de la phrase précédente (127,22-25) et lui répond (ϩⲉⲱⲥ ⲙⲉⲛ — ϩⲟⲧⲁⲛ ⲇⲉ).

127,26. Ce parallélisme fait ressortir les oppositions: auprès du père/cette vie; seule/en un corps. Noter la rigoureuse correspondance entre l'existence empirique (cette vie), l'incarnation et la chute: la chute *est* la corporéité. Ce trait permet de classer d'emblée notre écrit comme gnostique.

127,26-29. La souillure de l'âme par les brigands et les insolents pourrait apparaître comme une péripétie postérieure à la chute; en fait, comme le montre le parallélisme avec «elle est vierge et androgyne d'aspect», il s'agit simplement d'une description de la condition incarnée. La corporéité *est* souillure. La multiplicité de ceux qui souillent l'âme (ils sont nombreux; ils se la passent de main en main), outre qu'elle amplifie la souillure, contraste avec l'unité et le retrait de l'âme en sa condition première. La séparation de l'androgyne ou la rupture du couple n'est pas indiquée ici : il y sera fait allusion par la suite (132,6-9;

133,3-6; 135,5-7); cependant c'est bien cette rupture qui rend l'âme vulnérable aux «brigands et insolents», car elle est femme et passive[6]. Sur les brigands, voir e.a. EvPhil § 9, 53,9-12; *Exc. Theod.* 72, 2-73, 1. Les brigands sont par ailleurs un lieu commun de la littérature romanesque[7].

P. 127,29-128,4 : Description de la souillure

a. de la part des séducteurs (127,29-32). L'opposition de la violence et du don trompeur semble une simple amplification romanesque. La pointe ne porte pas sur le caractère décevant du don, comme dans le dossier exégétique et son commentaire, mais sur le fait que le don est destiné à tromper, à séduire : ογαπατη ν̄αωρον, c'est une «tromperie par cadeau». Cette phrase est donc construite sur l'opposition entre violence et ruse, ou viol et séduction (comme deux genres d'une même espèce); elle ne dépend pas de la citation de Os 2[8].

b. de la part de l'âme (127,32-128,4). L'expression est d'abord passive : l'âme est souillée et perd sa virginité; puis elle devient active : l'âme se prostitue (ασπορνεγε). Le mot n'apparaît que 2 fois dans le récit des malheurs de l'âme (l'autre est 128,30, πορνεια, dans une phrase rédactionnellement très proche de la parénèse), mais résume toute cette section dans l'introduction du dossier scripturaire (129,6), où il apparaît fréquemment. Il est donc épisodique dans le récit, mais sert de point d'accrochage aux attestations bibliques.

«Dans son corps» (128,1-2) peut se comprendre de deux façons : par le seul fait d'être dans le corps et de vivre la condition mondaine; ou par le moyen du corps et dans l'exercice de la sexualité. La première interprétation s'accorde avec 130,20 et 131,13; la seconde convient mieux à 137,5-8. De toute manière, la souillure de l'âme est corporelle : elle n'est pas souillée et tant qu'âme, mais en tant qu'incarnée (souillure extérieure, 131,30-31). Cette souillure n'est pas le mal moral, mais plutôt le produit de l'ignorance et de l'illusion, dont elle n'est pas vraiment distincte : l'âme pense enlacer son mari véritable (le texte y insiste : 127,32; 128,13-16; 130,27-28; y ajouter encore le thème de l'oubli et le rôle du souvenir dans le salut, 132,17-23).

---

[6] EvPhil, § *61*, 65, 1s, où cependant la situation est la même pour l'homme et pour la femme.

[7] K. KERENYI, *Die griechische orientalische Romanliteratur in religionsgeschichtliche Beleuchtung*, Darmstadt, 1962², p. 156-157.

[8] Comparer avec EvPhil, § *61*, 65, 18-19; cf. aussi la souillure de la femme spirituelle par des Archontes en HypArch, 89, 19ss et EcrsT, 117, 3ss.

p. 128,4-9 : Echec de la première conversion de l'âme

Une proposition temporelle (128,4-6) résume ce qui précède. Puis vient la mention du repentir, dans la forme classique en ExAm (sanglots, *metanoia*); la suite est plus originale, puisque le mouvement suivant, qui prolonge la *metanoia* et lui est rattaché par un ⲡⲁⲗⲓⲛ qui marque assez la distinction, consiste en une conversion (*a-versio* : l'âme se détourne de ses amants; *con-versio* : elle court vers d'autres) qui a l'âme et non le Père pour sujet. Le repentir, présenté dans les termes techniques de la section parénétique, ne mène qu'à la répétition de la situation précédente. Noter que ⲡⲱⲧ, courir, a toujours un sens péjoratif en ExAm [9].

Pourquoi cette boucle inutile dans le récit? On ne peut y voir le vestige d'un état ancien du texte, qui aurait été mal intégré, puisque la rédaction est nettement marquée par des traits qui comptent parmi les traits unificateurs de l'ouvrage. Si cette péripétie apparaît, c'est qu'elle a un sens. On pourrait sans doute opposer ces quelques lignes de l'exhortation à une prière intérieure marquée d'un véritable repentir (135,4-15), autrement dit à une prière sans hypocrisie (137,19-27), accompagnée du détachement du «lieu de l'erreur»; mais rien n'indique que cette conversion avortée manque de sincérité et le repentir est décrit dans des termes qui ont toujours pour l'ExAm une connotation positive. Reste à en faire une péripétie romanesque qui souligne l'impossibilité où se trouve l'âme de sortir par elle-même de sa condition aliénée : c'est seulement lorsqu'elle se tournera vers le Père qu'elle sera vraiment détournée *par lui* des réalités extérieures (131,16-21). Ce qui manque donc ici, c'est la prière elle-même, expression de l'impuissance de la condition terrestre.

p. 128,9-16 : Permanence de l'état de servitude

Les nouveaux amants vers lesquels a couru l'âme la gardent captive. Même binôme violence (128,9-11) / duperie (128,13-16) qu'en 127, 29-31 : d'une part la série forcer-maître-esclave, d'autre part l'illusion. Comme plus haut, à la souillure activement imposée par les «amants» correspond la passivité de l'âme trompée. Cela est souligné avec force en 128,12-13; la honte dont il est question ici n'est pas la confusion d'être souillée (comme on peut supposer que c'était le cas en 128,6-7), mais bien la honte que l'âme aurait de quitter ceux qu'elle croit être des

---

[9] ExAm, 129, 1; 130,7; 131,14; 132,16.

époux fidèles et aimants : elle est à mettre au compte de l'illusion. Ceci est aux antipodes de ce qui est reproché à l'épouse infidèle dans la prophétie de Jr 3,3, «Tu t'es faite éhontée avec...» : ce détail du récit ne peut-être mis en dépendance de la citation[10].

p. 128,16-26 : Désarroi de l'âme abandonnée

a. 128,16-17. Les amants adultères abandonnent leur victime. Si la souillure de l'âme par les brigands pouvait évoquer la souillure de la mère par les Archontes, ce trait-ci indique que nous sommes dans un autre univers. L'abandon de l'âme ne renvoie pas à des traits connus de la mythologie gnostique, mais à la logique de la démonstration entreprise par le texte : il faut que l'âme prenne conscience de l'erreur où elle se trouve et de ses conséquences funestes pour pouvoir se repentir et invoquer le Père. Cela suppose une prise de distance par rapport à ce que symbolisaient les amants ; or cette prise de distance ne peut être le fait de l'âme, puisqu'elle est dans l'illusion. Si le repentir et l'invocation constituent un préalable au salut, l'abandon de la part des amants est nécessaire.

b. 128,18. Des trois premiers qualificatifs qui décrivent l'abandon de l'âme (veuve, pauvre, abandonnée) seul le troisième, ⲉⲣⲏⲙⲟⲥ, se rencontre dans les attestations scripturaires : Os 2, 5 (129,30). Mais la situation diffère, puisque la femme adultère y est rendue ἔρημος par un châtiment divin, alors qu'ici, c'est une simple conséquence de l'abandon. De même la pauvreté est décrite, mais sans le mot, dans la même citation (Os 2, 9 : 130,8-11), avec une meilleure correspondance des situations.

L'idée de viduité et de pauvreté appliquée à l'âme pour désigner la frustration du divin et l'ignorance se rencontre dans plusieurs textes gnostiques[11]. Ces rapprochements, bien qu'ils ne soient pas sans importance pour notre texte, ne doivent cependant pas être majorés. En effet, quoique cet état de viduité et de pauvreté désigne bien la condition de l'âme tombée de son lieu originel en ce monde, il intervient ici dans un épisode du récit, après l'abandon par les faux maris, et non aussitôt après la chute. Il y a un décalage, imposé par la logique romanesque.

[10] F. WISSE, «On Exgeting», p. 81 accorde trop d'importance, sur ce point, à la seule analogie verbale entre le récit et les citations : «her own shameless behavior (129, 15-20; 130,13-20)»; sans doute l'emploi des mêmes mots explique-t-il le choix des citations, mais la différence de perspective oblige à considérer le récit comme logiquement antérieur.
[11] OgdEnn, 59, 15 : «veuve de la contemplation»; Par Sem, 20, 36; cf. aussi *Pistis Sophia*, 56 (p. 108, 9).

c. 128,19. «Sans secours» cf. 128,33; 136,33-34. Allusion en creux au secours divin qui intervient dans la parénèse et dans une phrase clairement marquée par le vocabulaire de celle-ci. Nous avons ici un exemple d'influence de la démarche parénétique sur la rédaction du récit.

d. 128,19-20. Qu'est-ce que cette ⲙⲁⲁⲭⲉ? A moins qu'il ne s'agisse d'un mot inconnu par ailleurs, on peut le comprendre soit comme «oreille», soit comme «mesure» : «elle n'a pas même une oreille (i.e. quelqu'un qui l'écoute) pour sortir de son affliction»[12]; ou : «elle n'a pas jusqu'à une mesure (p.ex. de nourriture) au sortir de son affliction», aucun des deux sens n'est satisfaisant. De toute manière, ⲱ̄ⲁ doit être compris au sens de «jusqu'à» (s'agissant de choses que l'on compte), ou de «sauf, excepté» (CRUM, 542b). Dans ce dernier cas, «il ne lui reste rien qu'une mesure (de froment) au sortir de son affliction» pourrait être une allusion à la *veuve* de Sarepta, qui n'a plus qu'une poignée (mesure) de froment : «εἰ ἔστιν μοι ἐγκρυψίας ἀλλ᾽ ἢ ὅσον δρὰξ ἀλεύρου ἐν τῇ ὑδρίᾳ...» (1 R 17, 12), situation semblable à celle de la *veuve* qui confie à Élisée n'avoir plus «οὐθὲν ἐν τῷ οἴκῳ ὅτι ἀλλ᾽ ἢ ὃ ἀλείψομαι ἔλαιον» (2 R 4, 2). Cette solution, qui ne suppose ni un texte corcompu, ni des formes inconnues par ailleurs, serait pleinement satisfaisante si l'on était sûr qu'elle soit possible : la difficulté est que cette allusion semble la seule de son espèce dans le récit de l'odyssée de l'âme; de toute manière elle n'appartient pas au même registre que les grandes citations bibliques de l'ExAm. L'affliction (ⲙⲕⲁϩ) évoque la λύπη d'Achamoth ou de la Sophia tombée[13]. Le rapprochement est vraisemblable à cause de la description des enfants, deux lignes plus bas.

e. 128,21-23 : «les souillures», ϫⲱϩⲙ : verbe et substantif reviennent à propos de l'âme dans le dossier scripturaire et son commentaire qui suivent la première partie du récit, mais sans la même insistance que pour la ⲡⲟⲣⲛⲉⲓⲁ. Il est plus fréquent dans les sections narratives et absent de la démarche parénétique[14]. Dans le récit, l'âme subit ordinairement la souillure; cette souillure passive est une des caractéristiques de la section narrative, indépendante du corps des citations et de la

---

[12] Ainsi comprennent Krause (qui laisse le ⲱ̄ⲁ inexpliqué), Bethge et Schenke («Sprachliche und exegetische probleme», c. 6) qui considère que ⲱ̄ⲁⲩ- serait une forme verbale à complément nominal, formée par exemple sur ⲱ̄ⲓ (mesurer).

[13] P. ex. IRÉNÉE, *Adv. Haer.*, 1, 4, 1; ApocrJn (BG), 46, 9-15 et par.

[14] Cf. dossier scripturaire et commentaire : ExAm, 129, 11; 130,4; voir aussi 129,17; sections narratives : 127, [30].33; 131,15; 132,11.

parénèse ; elle renvoie plutôt à la souillure d'une entité féminine tombée, par les Archontes ou les puissances d'en bas.

f. 128,23-26. Opposition entre ces enfants débiles et les beaux enfants que l'âme conçoit de son mari véritable : 134,2-3[15]. La postérité débile issue de l'adultère est donc symétrique à la belle postérité issue de l'union légitime. Ce thème est exploité dans le gnosticisme : cf. la description de la progéniture informe de Sophia lorsqu'elle veut engendrer seule[16]. La symétrie entre ExAm 127,23-26 et 134,2-3 d'une part, les analogues gnostiques à l'intérieur d'un mythe de chute d'autre part, permettent de ne pas faire dépendre ce motif de la citation de Os 2,5-6 (129,31-33).

p. 128,26-129,5 : Prière de l'âme et miséricorde du Père

a. 128,26-28. Le Père d'en haut (ⲉⲧⲙ̄ⲡⲥⲁ ⲛⲧⲡⲉ) abaisse son regard (ϭⲱⲱⲧ ⲉⲡⲓⲧⲛ̄ ⲉⲭⲛ̄) vers l'âme. Projection spatiale liée à la représentation de la chute. Corrélativement, la prière de l'âme va de bas en haut[17]. ⲉⲧⲙ̄ⲡⲥⲁ ⲛⲧⲡⲉ est trop vague pour rendre οὐράνιος, quoique l'idée soit peut-être présente, si l'on considère 132,7-8 et 133, 28 (le Père céleste opposé au père terrestre) ; mais ce dernier passage est commandé par l'opposition des deux pères, induite par la citation du Ps 44,11-12. « La visite » : cf. 138,25-28.

b. 128,29-34. Ce passage est fortement marqué par la doctrine de la section parénétique. Il est construit sur le trinôme fondamental : sanglots ou larmes, *metanoia*, invocation ou prière. Son vocabulaire est caractéristique[18]. ⲁⲥⲭⲏⲙⲟⲥⲩⲛⲏ (128,29) : cf. 133,13, où la disgrâce est liée au veuvage. La ⲡⲟⲣⲛⲉⲓⲁ (129,30) n'apparaît pas ailleurs dans cette section narrative : cette occurrence pourrait être sous la mouvance des nombreuses attestations de ce mot dans le dossier scripturaire qui suit ; la ⲡⲟⲣⲛⲉⲓⲁ est, de l'aveu même du rédacteur (129,5-7), le

[15] Comparer à l'opposition entre les concepts bons ou mauvais conçus par l'intellect, selon que la semence vient de Dieu ou d'êtres démoniaques, en *C.H.*, IX, 3.

[16] *Exc. Théod.*, 68, où les avortons sont ἀσθενή καὶ ἄμορφα, et opposés aux fils de l'Homme et de l'époux. Cf. aussi HIPPOLYTE, *Elenchos*, VI, 30-32 où l'émission d'une substance abortive ἄμορφος et ἀειδής précède les lamentations de la Sophia et la prière des Eons. Liste des défauts des enfants analogue à celle que nous avons ici : ActThom, 22, notamment κωφοὶ ἢ ἄλαλοι ἢ παραλυτικοὶ ἢ μώροι. Egalement ApocrJn (BG), 36,16 et par ; HypArch, 96,30 ; ApocPi, 73,12 ; AuthLog, 23,7-34.

[17] ExAm, 128,32 ; 131,18 ; 135,28.

[18] Cf. ExAm, 131,18 ; 135,4-9. La prière manque en 135,9-15, mais est présente dans le contexte ; elle manque de façon significative dans la conversion manquée de 126,6-7.

mot-clé autour duquel le dossier a été rassemblé. «Commencer (ⲁⲣⲭⲉⲓ) à invoquer son nom» (128,31-32) : l'idée de commencement indique bien que l'élément nouveau introduit dans le récit est l'invocation du Père; cela confirme que c'était l'élément manquant dans la première conversion (128,6-7). «De tout son cœur» (128,33-34) : comparer avec 135,4-8.

c. 128,34-129,2. Cette prière de l'âme, citée en style direct, n'est pas une pièce liturgique enchâssée dans le récit, mais un signe du caractère vif et concret de celui-ci. Sa structure en effet n'a rien que de naturel et est dépourvue de tout caractère hiératique (sauf, à la rigueur, le parallélisme des deux stiques : «j'ai quitté ma maison et me suis enfuie de ma chambre de vierge»); mots et idées sont utilisés ailleurs dans l'écrit : «sauve-moi» (cf. 134,27, en dépendance de la citation du Ps 102, 4; 134,29); «je vais te confesser» (ϯⲗⲟⲅⲟⲥ, rendre compte, équivaut à ⲣⲉϩϩⲟⲙⲟⲗⲟⲅⲉⲓ, confesser, en 135,9), «j'ai quitté ma maison» (137,1-5.10-11; l'idée est présente dès la première mention de la chute, 127,22-26, et est explicitée en 132,20-21); «retourne-moi vers toi» (retourner, au sens de ramener : 137,10-11; sur un autre registre, 131,19-22). Le seul élément non attesté ailleurs dans l'écrit est «j'ai fui ma chambre de vierge» (mais 127,24 affirme la virginité auprès du Père).

d. 129,2-3. La miséricorde du Père : cf. 129,32 (cit.); 131,19; 135, 14.18 (cit.); 136,10 (cit.). Soit 3 occurrences dans les citations, une dans la section parénétique, une autre seulement dans le récit, mais dans une phrase marquée par la rédaction de la parénèse.

e. 129,4-5. Les afflictions subies par l'âme parce qu'elle a quitté sa maison. Ces lignes constituent une sorte de résumé de la première section. «Parce qu'elle a quitté sa maison» clôture la section et répond par inclusion à la description de la chute (127,22-26), tout en faisant écho de façon très littérale à la prière de l'âme (128,36).

p. 129,5-131,3 : Le dossier scripturaire sur la prostitution de l'âme

Ce long morceau constitue une unité en soi; c'est un dossier d'attestations scripturaires portant non sur l'ensemble de la section narrative précédente, mais sur le seul thème de la prostitution (ⲡⲟⲣⲛⲉⲓⲁ) de l'âme. Ce dossier ne se réduit pas à un alignement de citations, mais est construit selon un plan systématique; il forme un tout cohérent, et inclut une interprétation des textes qu'il cite :

a. Trois attestations des grands prophètes bibliques : Jr 3,1-4; Os 2,4-9; Ez 16,23-26 (129,7-130,20);

b. Explication allégorique de ces passages, mélant des éléments de Ez 16,23-26 et d'Os 2,4-9 (130,20-28);

c. Justification de cette exégèse allégorique par une double référence à la tradition des apôtres (130,28-35) puis par une citation de 1 Co 5, 9-10, élucidée à son tour par Ep 6, 12 (131,2-13).

Les citations elles-mêmes n'appellent pas ici un commentaire développé, mais seulement l'usage que l'ExAm fait d'elles. Cela demande que l'on s'attache à la composition du dossier et aux transitions explicatives ; que l'on cherche s'il est possible que certains détails des citations commandent le récit, et dans quelle mesure enfin il est possible de considérer les citations du point de vue de la forme textuelle en notant ce qu'elles peuvent comporter de singulier.

p. 129,6-7

«L'Esprit-Saint prophétise en de nombreux endroits» n'introduit, à strictement parler, que les trois grandes citations prophétiques (129, 7-130,20). L'Esprit-Saint, n'est pas seulement considéré comme l'inspirateur des prophètes, mais de la chose écrite elle-même, puisque ce qui lui est attribué, c'est la prophétie contenue dans les «ма» (c'est-à-dire les τόποι, les «lieux» ou citations. Sur l'emploi de ма en ce sens, voir aussi 136,4-9). Cette conception de l'Esprit auteur des paroles des prophètes n'a rien que de très orthodoxe[19]; ce qui est propre à l'ExAm, c'est l'application de ce schème de la prophétie à une doctrine d'allure gnostique (la prostitution de l'âme) plutôt qu'à ce qui touche au Christ.

«Prophétie» désigne l'écriture inspirée: voir aussi l'emploi de προφнтнс pour introduire Gn 2, 24 (133,1) et le Ps 44, 11-12 (pourtant correctement identifié comme Psaume : 133,16), ainsi que le Ps 102, 1-5 (134,16). Cf. également 135,29-31 : «Il dit par l'esprit du prophète» (il s'agit, apparemment, d'Isaïe)[20].

p. 129,7-22 : Citation de Jr 3,1-4[21]

---

[19] Cf. Justin, *Dial.*, 61, 3.

[20] Cf. Justin, *Dial.*, 32.

[21] Pour cette citation et les autres passages vétérotestamentaires, voir P. Nagel, «Die Septuaginta-Zitate». Egalement : R. Kasser, «Citations des grands prophètes bibliques dans les textes gnostiques coptes», in *Essays on the Nag Hammadi Texts*, p. 56-64; R.McL. Wilson, «Old Testament Exegesis in the Gnostic Exegesis on the Soul» et Madeleine Scopello, «Testimonia».

129,7-8 : «Dans Jérémie le Prophète». Cette traduction est préférable à «par la bouche de Jérémie»; elle est plus littérale et s'accorde mieux avec l'énumération de lieux annoncée : l'auteur songe au livre (cela est plus explicite encore en 129,22 : «il est *écrit* dans Osée»). 135,29-31 va à l'encontre de cette interprétation, mais est formulé de façon différente et ne comporte pas d'identification.

129,11 : ⲙⲏ ϩⲛ ⲟⲩⲭⲱϩⲙ ⲙ̄ⲡⲉⲥⲭⲱϩⲙ̄ rend οὐ μιαινομένη μιανθήσεται, en conservant l'hébraïsme de la redondance, mais en passant du futur au parfait. Ce changement de temps montre l'adaptation de la citation au récit précédent, puisqu'il s'agit de commenter la souillure de l'âme tombée, perçue comme un fait accompli, une donnée acquise.

129,12-13 : ⲁⲥⲡⲟⲣⲛⲉⲩⲉ rend faiblement ἐξεφύρθης. Contamination du vocabulaire de cette section ou incapacité à rendre autrement en copte ce mot grec moins fréquent?

129,16 : ⲙⲏ : pour la phrase qui commence ici, l'ExAm passe à l'interrogation, là où la LXX a des participes; on peut y voir un effet de dramatisation.

129,17 : après ϩⲛ ⲛⲉϩⲓⲏ, l'omission de αὐτοῖς ὡσεὶ κορώνη ἐρημουμένη est sans doute involontaire et doit remonter au texte utilisé : en effet, l'auteur qui emploie ce mot ⲉⲣⲏⲙⲟⲥ en 128,18 n'eût pas manqué de profiter de ce rapprochement.

129,19 : après ⲉⲩⲭⲣⲟⲡ ⲛⲉ, omission de ὄψις πόρνης ἐγένετο σοι.

p. 129,22-130,11 : Citation de Os 2,4-9

129,23 : ⲁⲙⲏⲉⲓⲧⲛ̄ : manque dans la Septante.

129,24 : ⲥⲛⲁϣⲱⲡⲉ : le futur est particulier à l'ExAm; de même pour ⲧ̄ⲛⲁϣⲱⲡⲉ, 129,25.

129,29 : après ⲁϩⲏⲩ, omission de καὶ ἀποκαταστήσω αὐτὴν (LXX).

129,30 : ⲛ̄ⲉⲣⲏⲙⲟⲥ : la LXX porte ὡς ἔρημον. Le passage à l'adjectif pourrait être influencé par la formulation de 128,18, dont la citation se-

²² F. Wisse, «On Exegeting», p. 71.

rait ainsi davantage rapprochée. Il s'ensuit que ⲛ̄ⲑⲉ ⲛ̄ⲟⲩⲕⲁⲍ ... peut déterminer cet adjectif, et que la construction en deux stiques parallèles de la LXX est rompue : omission de καὶ τάξω αὐτὴν ὡς (γῆν ...).

129,31-32 : [ⲁ]ⲅⲱ ϯⲛⲁⲁⲥ ⲛ̄ⲁⲧϣⲏⲣⲉ ⲍⲛ̄ⲛ ⲟ̣[ⲅⲉⲓⲃⲉ?]. ⲟⲩⲉⲓⲃⲉ est incertain ; il correspond au grec ἐν δίψει et au mot que l'on trouve dans la version d'Os. Mais cela offre-t-il un sens ? Entre la LXX (et sa traduction achmimique) et l'ExAm, le sens de la phrase a changé : ϯⲛⲁⲁⲥ ⲛ̄ⲁⲧϣⲏⲣⲉ ne rend pas le grec ἀποκτενῶ mais ἀ(πο)τεκνῶ, «je la priverai d'enfants». L'auteur disposait-il d'un manuscrit comportant cette variante inconnue par ailleurs ? C'est peu probable, car elle n'est pas innocente : elle rapproche la citation du récit, où l'âme se trouve privée de secours, car ses enfants sont sourds, aveugles et débiles (128,24-26).

130,1. Comme en 129,12-13, ⲡⲟⲣⲛⲉⲩⲉ remplace un autre verbe grec, πορεύομαι (variante : ἀκολουθήσω) ; mais ici l'effet est que l'insistance sur la fornication est plus marquée. Le passage, dans le substrat grec, de πορεύσομαι à πορνεύσομαι ne saurait être involontaire, puisqu'il s'accompagne de la transformation de ὀπίσω en σύν (copte ⲙⲛ̄).

130,4. ⲙⲛ̄ ⲡⲁⲏⲣⲡ n'est attesté pour la LXX que dans deux mss minuscules (36, 49), avec un ordre différent (huile, vêtement, manteau, vin).

130,5. Après ⲉⲓⲥ ⲍⲏⲏⲧⲉ, manque ἐγὼ φράσσω τὴν ὁδὸν αὐτῆς ἐν σκόλοψιν.

130,6. ⲙ̄ⲙⲟⲟⲩ est moins clair que le grec τὰς ὁδοὺς αὐτῆς mais signifie peut-être les amants (130,1-2.7), qui sont les substantifs les plus proches auxquels ce pronom soit, dans l'état actuel du texte, susceptible de renvoyer.

130,9. ⲭⲉ ϯⲛⲁⲕⲟⲧ ⲉⲡⲁⲍⲁⲉⲓ : la LXX a πορεύσομαι καὶ ἐπιστρέψω. Observer la différence de doctrine entre cette volonté de retour de l'épouse adultère et la doctrine de la conversion (ou retour) implorée et reçue du Père, dans les sections narrative et exhortative de l'écrit.

p. 130,11-20 : Ez 16, 23-26a

130,20. μεγαλόσαρκος est transposé plus que vraiment traduit en
ⲚⲀⲚⲒⲚⲟϬ ⲚⲤⲀⲢϮ (mais c'est aussi ce que l'on trouve dans la version
sahidique d'Ez du ms. copte Paris BN 129[3 23]). Le mot va servir de
principal appui à l'exégèse allégorique.

p. 130,20-27 : Interprétation allégorique

Les fils d'Égypte sont identifiés allégoriquement aux réalités sensibles ;
cette interprétation est induite par l'idée de chair contenue dans
ⲚⲀⲚⲒⲚⲟϬ ⲚⲤⲀⲢϮ. Dans le texte prophétique, μεγαλόσαρκος signifie
littéralement : ceux qui disposent de grandes quantités de viande ; il est
compris ici au sens de « très charnels », si bien que les réalités charnelles
— ⲚⲤⲀⲢⲔⲒⲔⲟⲚ — se trouvent introduites. Les termes : charnel, sensible,
terrestre, apparaissent comme synonymes. Que les Égyptiens représentent
allégoriquement le domaine mauvais et plus précisément celui de la
chair ou du corps, est une exégèse classique chez Philon[24] comme
chez Origène[25] ; elle ne s'oppose pas, comme le montrent ces exemples,
à une origine alexandrine de l'écrit. Ce qui est proprement gnostique,
c'est la manière dont ce mal est décrit : il s'agit de l'existence terrestre,
en tant que telle (« en ces lieux »), dans laquelle on a l'usage de ces
choses dont parlait la citation d'Os : le boire, le manger, le vêtement,
bref toute vanité qui concerne le corps (car il faut comprendre le
ⲘⲠⲔⲰⲦⲈ comme traduisant un περί[26], que le traducteur aura peut-
être compris, à cause des vêtements, comme « qui entoure le corps »).

130,26. ⲫⲗⲟⲒⲀⲢⲒⲀ (gr. φλυαρία) exprime la sottise en parole : des
fadaises[27], le vain bavardage[28] et la vaine gloire[29]. On peut donc voir
ici, outre le souci de l'apparence, l'idée de futilité ou de vanité ; c'est
une caractéristique de ce monde-ci, tout comme l'extériorité (ⲈⲦⲘⲠⲤⲀ
ⲚⲂⲟⲗ)[30].

130,26-27. « Ce qu'elle pense qu'il lui faut » reprend Os 2,7 (130,4)
en lui ajoutant l'idée d'illusion, déjà présente dans la première section

[23] *Mémoires de l'Institut Français d'Archéologie orientale du Caire*, 6/1 (1892), p. 260.
[24] *Migr. Abr.*, 20, 23, 29 ; *De somniis*, II, 225 etc.
[25] ORIGENE, *In Ex.*, V, 5.
[26] Cf. PLATON, *Phèdre*, 246 d.
[27] LIDDELL-SCOTT, 1945.
[28] CRUM, 614 b.
[29] CRUM, 604, a-b (φλύαρος, φλυαρεῖν).
[30] Sur l'opposition intérieur/extérieur, classique dans les textes gnostiques, voir
ExAm, 131,21-31.

narrative [31]. Observer le décalage par rapport à la citation : l'illusion ne consiste pas comme dans celle-ci, en ce que l'âme pense à tort recevoir du vin etc. (car cela lui serait enlevé), mais elle porte sur le profit même qu'elle tire de ces réalités. L'illusion réside donc dans l'esclavage des choses terrestres. La lecture gnostique des citations alléguées est dès lors évidente : la prostitution de l'âme consiste à être prise dans les réalités de ce monde-ci, illusoirement considérées comme bonnes ou de quelque valeur.

p. 130,28-131,13. Confirmation de l'exégèse allégorique par d'autres textes

La lecture gnostique des citations prophétiques est étayée par un appel à la tradition apostolique, en général d'abord, puis à des textes pauliniens ensuite.

130,29 : les «apôtres du Sauveur» constituent une référence vague, qui ne permet pas à elle seule d'identifier un livre cité. Le pluriel exclut cependant une lettre d'un apôtre; par ailleurs, comme la citation n'a pu jusqu'ici être identifiée et présente un caractère fort général, on peut penser qu'il s'agit simplement d'une allusion à la doctrine apostolique [32].

130,30 : réminiscence possible de Ac 15, 20.29 (ἀπέχεσθαι); 21, 25 (φυλάσσεσθαι) où la πορνεία apparaît dans une liste de quatre éléments. cf. aussi 2 Co 7, 1 (καθαρίζειν ἑαυτόν) et 1 Th 4, 3 (ἀπέχεσθαι). Mais nulle part dans le Nouveau Testament on ne trouve le binôme caractéristique se garder-se purifier, avec le pronom. Il n'est donc pas sûr qu'il s'agisse ici d'une citation au sens strict, d'autant que 130, 32-35 est certainement une allusion et non une citation.

130,31-32. Explication du commentateur qui interprète, sans argumenter immédiatement, la portée de la prédication apostolique.

130,32-33. Notre texte n'est pas coutumier d'allusions aussi vagues. Celle-ci porte peut-être encore sur Ac 15, 29 (le fait que les apôtres

---

[31] ExAm, 127,31-32; 128,13-16.
[32] Sur le rôle accordé aux apôtre, cf. e.a. EvPhil, § *17*, 55, 27-31; *47*, 62, 7-8; *67*, 67, 24-25; *95*, 74, 16-18.

écrivent à l'Église). Le rapprochement est possible avec la citation paulinienne qui suit aussitôt (131,4-9) et qui se trouverait ainsi introduite. Dans ce cas, le passage des apôtres écrivant à l'Église de Dieu à Paul écrivant aux Corinthiens devrait se comprendre comme le passage d'une assertion générale à une illustration particulière.

130,35-131,2 : après l'allusion à l'activité littéraire des apôtres, rappel que la ⲡⲟⲣⲛⲉⲓⲁ dont il est question est celle de l'âme plutôt que celle du corps. La démarche est strictement parallèle à celle qui fait se succéder 1 Co 5, 9-10 et Ep 6, 12. C'est pourquoi en 130,36, nous suppéons [ⲛⲁⲅⲱⲛ] (cf. 131,9). Il est clair qu'ici la ⲡⲟⲣⲛⲉⲓⲁ de l'âme n'est pas l'adultère conçu dans le cœur avant d'être accompli corporellement (Mt 5, 27-28) mais l'amour adultère de ce monde, qui s'exprime notamment dans l'activité sexuelle du corps (cf. 137,5-9). Noter le glissement entre le récit et ce commentaire : dans le récit, l'adultère de l'âme était subi ; ici, il est combattu comme la racine intérieure de celui du corps. Le souci qui préside à ce commentaire est plus moralisateur, comme celui qui anime la démarche parénétique.

131,3-9. Citation de 1 Co 5, 9-10. Le οὐ πάντως de Paul glisse de sens : au lieu de marquer une insistance, il indique ici une réticence. «Ne vous mêlez absolument pas aux prostituées de ce monde» devient pour notre auteur : «ne vous mêlez pas aux prostituées, nullement aux prostituées de ce monde», comme si Paul repoussait avec horreur l'idée d'une interprétation matérielle de sa défense. C'est ici que réside le nœud de l'interprétation de tout l'ouvrage : l'auteur peut interpréter au sens de sa doctrine les textes vétérotestamentaires sur la prostitution, puisque Paul cautione son interprétation ; encore faut-il comprendre en ce sens le passage de 1 Co. La chose est assez importante pour qu'on se donne la peine de la prouver par une seconde citation du même apôtre.

131,9-13 : la preuve que Paul parle de la prostitution ⲡⲛⲉⲩⲙⲁⲧⲓⲕⲱⲥ, c'est-à-dire selon le sens spirituel, se trouve en Ep 6, 12. De ce verset, l'ExAm omet πρὸς τὰς ἀρχάς, πρὸς τὰς ἐξουσίας, ce qui peut passer pour un simple raccourcissement de la phrase (il n'y a dans notre texte de doctrine ni des ἀρχαί ni des ἐξουσίαι), et ἐν τοῖς ἐπουρανίοις, ce qui est très compréhensible, puisque c'est la région terrestre qui est le lieu du combat, et non le monde céleste ou supracéleste, demeure du Père et terme du salut.

p. 131,13-19 : Retour au récit

Ce retour au récit est marqué par un sommaire qui résume la souillure, la souffrance et le repentir de l'âme, l'annonce de la miséricorde du Père. C'est le pendant de 129,2-5, l'autre lèvre de la cicatrice laissée par l'insertion du bloc scripturo-exégétique dans le récit.

131,15 : ⲡⲁⲥⲭⲁ a évidemment le sens de souffrance («πάσχειν»); mais la forme n'existe en grec que comme neutre indéclinable, pour désigner la fête de la Pâque. Nous pourrions avoir ici une trace de l'étymologie qui fait dériver πάσχα de πάσχειν[33]. Cela supposerait que l'écrit a été traduit dans un milieu chrétien célébrant la Pâque, ce qu'il est hasardeux d'affirmer, et valorisant la passion, ce qui n'est guère probable. Il est plus simple de considérer ⲡⲁⲥⲭⲁ comme une forme copte de l'infinitif grec πάσχειν, employé substantivement (cf. 136,19 ⲡⲗⲉⲁ pour πλεῖν)[34].

p. 131,16 : «Ce qu'elle mérite de subir» (ⲛ̄ⲛⲉⲧⲥⲙ̄ⲡϣⲁ ⲉⲧⲣⲉⲥⲭⲓⲧⲟⲩ). Autrement : «ceux qu'elle est obligée de recevoir». Dans le premier cas, il s'agit des souffrances que l'âme mérite d'endurer à cause de sa conduite; dans le second, des souffrances qu'elle reçoit de ceux qui la violent : l'image est alors celle qui domine la première section du récit et renvoie à la conception des rapports de l'âme avec les archontes. Cette seconde interprétation convient mieux au niveau du mythe supposé par l'écrit; la première suppose plutôt la doctrine exposée dans les citations et l'exhortation à la pénitence. Cette phrase ambiguë se trouve d'ailleurs dans un résumé qui fait transition entre le récit mythique et le dossier des citations.

p. 131,19-132,2 : La purification de l'âme

Cette section peut se décomposer ainsi : a) le retournement de la matrice de l'âme (131,19-27), lui-même subdivisé en description du retournement (131,19-22) et comparaison de la matrice de l'âme à celle de la femme (131,22-27); b) l'interprétation du retournement comme baptême d'abord affirmée (131,27-31) puis expliquée par le recours à la comparaison de la lessive (131,31-132,2).

---

[33] Cf. Irénée, *Adv. Haer.*, IV, 10, 1; Méliton de Sardes, *Sur la Pâque*, 46.
[34] H. M. Schenke, «Sprachliche und exegetische probleme», c. 13. Exemples dans H. Bethge, «Die Exegese über die Seele», c. 103, n. 5.

a. 131,19 : «le père lui fera miséricorde» : cf. 129, 4.

131,19-21 : le père «détournera la matrice des réalités extérieures et la tournera vers l'intérieur». L'opposition fondamentale est ici celle de l'intérieur et de l'extérieur, qui correspond strictement à celle de l'en haut et de l'en bas : le retournement est aussi une remontée. La matrice est ce par quoi l'âme conçoit des enfants difformes avec les amants adultères et, avec son époux, de beaux enfants, c'est-à-dire elle-même (134,6-7). Il s'agit donc bien d'un détournement des réalités de ce monde-ci, qui sont extérieures, vers celles de l'autre monde, qui sont intérieures.

131,21-22 : de la sorte, l'âme retrouve ce qui lui est propre : μερικόν désigne la particularité, ce qui est propre à un individu. Cela va être exprimé aussi par le retour à l'état de nouveauté (131,31) et au caractère originel (132,1) [35].

131,22-27 : comparer la disposition de la matrice de l'âme aux organes génitaux de l'homme et de la femme n'éclaire guère la phrase qui précède, mais souligne le caractère incongru, inconvenant de cette disposition vers l'extérieur. Cela est nécessaire, puisque cette disposition est générale dans ce monde-ci, à cause de la situation même en ce monde (c'est en effet de manière tout à fait générale qu'il est dit que la matrice de l'âme pend à l'extérieur). Le développement n'en est pas moins lourd et semble assez gratuit.

b. 131,27-31 : le retournement de la matrice de l'âme opère une purification, parce que souillure et extérieur s'équivalent (c'est pourquoi on parle de la souillure *extérieure* imprimée *sur* — ⲉⲝⲛ̄ — l'âme). C'est en tant que purification que le retournement peut être interprété comme baptême. Cf. ci-dessous, à 132,2.

131,28 : «par volonté du Père», se retrouve plusieurs fois dans la section narrative, et toujours à propos du salut [36].

131,31-34 : comparaison de la lessive. La fonction de cette comparaison est de rapprocher l'idée de baptême de celle de retournement : les

---

[35] Cf. sur un fond d'images différent, EvVer, 22, 13-19 ; également PHILON, *Migr. Abr.*, 11.

[36] ExAm, 132,21-22.24 ; 134,6. L'idée est développée en 134,29-135,4.

vêtements sales sont retournés dans la lessive jusqu'à ce qu'ils soient propres. La difficulté est que, si le sens de «retourner» (ⲧⲕⲧⲟ) est clair et correspond aux nombreux emplois de ⲕⲧⲟ/ⲧⲕⲧⲟ dans l'ouvrage, le rôle d'une telle opération est problématique, ou à tout le moins secondaire. B. Layton traduit par «made to go about»[37] et H.M. Schenke par «spülen»[38]. La conjecture ⲉⲡ[ⲙⲟⲟⲩ ⲁⲩⲱ ⲛⲥ]ⲉⲧⲕⲧⲟⲟⲩ est matériellement possible et offre un sens satisfaisant, puisqu'elle permet, par la mention de l'eau, de garder présente l'idée de baptême, que ne suggère pas le geste de retourner et qui pourtant est essentielle dans ce passage encadré par deux références explicites au baptême (131,29 et 132,2).

131,35 : ⲙⲛ̣ⲧ̣[ⲃ]ⲣ̣[ⲣ]ⲉ̣, nouveauté (état de ce qui est neuf) ou jeunesse, désigne évidemment l'état original (ϣⲟⲣⲡ, 132,1), cf. 132,2.

132,2 : reprise explicite de l'identification du retournement comme baptême, déjà opérée en 131,27-31. Il est clair qu'il ne s'agit pas d'interpréter un rite (en l'occurence le rite baptismal) en en fournissant la signification, mais bien au contraire, de dire qu'un événement d'ordre spirituel est ce que le rite prétend être. Il y a ici une spiritualisation du baptême, qui n'exclut pas nécessairement que le rite soit effectivement pratiqué, mais qui suppose, s'il l'est, qu'on n'accorde d'importance qu'à l'événement spirituel auquel il est lié. Noter en tout cas que ce baptême n'est pas une pure catégorie théologique : le développement sur la lessive montre que le rite lui-même est bien présent à l'esprit de l'auteur.

p. 132,2-10 : L'envoi de l'époux par le père

132,2-5 : cette description du travail de l'accouchement rappelle la Sophia qui tente d'engendrer seule[39]. Mais il faut observer qu'ici ce travail n'est pas suivi d'effet, et que d'ailleurs il prend place non au principe de la chute, mais dans le cours de la phase de salut : l'analogie est donc mince. Tel qu'il se présente dans le texte, ce travail tourmenté marque le violent désir d'enfanter, qui est en même temps appel de l'époux ; même convertie, l'âme ne peut par ses seuls efforts accéder à la régénération (132,6-7).

---

[37] B. LAYTON, «The Soul as a Dirty Garment (Nag Hammadi Codex II, Tractate 6, 131,27-31)», *Le Muséon* 91 (1978) 155-169, p. 161-162.

[38] H.-M. SCHENKE, «Sprachliche und exegetische Probleme», c. 7.

[39] IRÉNÉE, *Adv. Haer.*, I, 2, 3, etc.

132,7-9 : avec l'époux-frère, nous sommes dans le domaine des syzygies gnostiques, et particulièrement de la syzygie Sophia-Sauveur[40]. La primauté du frère sur la sœur-épouse, de la part céleste sur la part terrestre, est tout à fait semblable à la doctrine de l'EvPhil où la partie pléromatique du couple est appelée ange, et la partie terrestre image. Si donc l'imagerie du frère et de la sœur renvoie à des entités mythiques comme la Sophia et le Sauveur, elle peut aussi s'appliquer aux esprits ou aux âmes des spirituels.

132,9-10 : «descendit». Outre celle-ci, les représentations spatiales sur le modèle vertical ne sont pas très fréquentes en ExAm : chute de l'âme en un corps (ϩⲉ, 127,25) et remontée («elle s'élèvera», 134,26), et la glose sur les noms du salut (134,14-15). Cependant toutes les étapes s'y trouvent : descente de l'âme, descente du sauveur, remontée de l'âme.

p. 132,10-23. Cette section sur l'attente de l'époux marque un retour en arrière par rapport à la descente de l'époux mentionnée en 132,9-10 ; elle débouche sur une seconde descente de l'époux (132,23-27), qui forme doublet avec la première, mais est un peu plus développée. Cela ne peut évidemment signifier qu'il y ait deux descentes de l'époux. S'agirait-il alors d'une trace de matériaux préexistants mal intégrés ? En fait, nous avons deux blocs parallèles (132,2-7.7-9 et 132,10-23. 23-27) qui développent l'attente de l'âme conclue par la descente de l'époux. Le premier décrivait une attente douloureuse (132,2-7) ; celui-ci inclut une démarche de purification (132,13) : le thème de la pénitence est présent des deux côtés.

132,13 : «elle se purifia» dans la chambre nuptiale (ⲙⲁ ⲛ̄ϣⲉⲗⲉⲉⲧ). Le mot copte correspond au grec νυμφῶν employé plus loin (132,26-27). Noter que la chambre nuptiale ne désigne pas ici le Plérôme, contrairement à l'usage courant dans les textes gnostiques[41] puisque l'époux doit y descendre. Faut-il donc supposer une liturgie de la chambre nuptiale ? Strictement, il s'agit ici d'un thème littéraire, car il est question

[40] ApocrJn (BG), 47,4-5 ; IRÉNÉE, Adv. Haer., I, 7, 2 ; EvPhil, § 82, 71, 3ss ; 55, 63, 3ss ; 32, 59,6-11 ; Exc. Théod., 33, 1-2, où le sauveur est pareillement πρωτότοκος. Voir aussi Joseph et Aséneth, 21, 3 : Joseph, donné comme époux à Aséneth, est appelé «Fils premier-né du Très-Haut» (après avoir vu Joseph, Aséneth avait revêtu la tunique de deuil portée à la mort de son frère premier-né : 10, 11), cf. M. PHILONENKO, Joseph et Aséneth, Leyde, 1968, p. 86. Philon appelle le logos πρωτόγονος : De Somniis, I, 215 ; De conf., 196.
[41] IRÉNÉE, Adv. Haer., I, 7, 1.

d'une âme mythique et d'un époux mythique; mais de même que l'idée de baptême était toute spirituelle bien que l'image d'un rite concret fût présente à l'esprit, on pourrait trouver ici la trace d'une cérémonie incluant purification, onction, attente. Ce n'est là qu'hypothèse, et peu sûre, car la chambre nuptiale, en d'autres textes, se laisse facilement ramener à la thématique baptismale[42].

132,13-14 : «elle la replit de parfum». Le parfum suggère l'idée d'onction avec une huile parfumée[43], mais ici c'est la chambre nuptiale, qui est parfumée, si bien que l'allusion à un rite d'onction n'est guère possible[44].

132,14-17 : parallélisme antithétique des deux conduites de l'âme : «elle est assise» (132,14) et «elle demeure» (132,17) indiquent l'idée de stabilité, voire de repos, en opposition à «elle court» qui implique le mouvement et même l'agitation; «dans la chambre nuptiale» marque l'intériorité en contraste avec «la place publique» (132,16) et l'époux véritable guetté par l'âme est unique (132,14-15) face à la multiplicité des amants de fantaisie (132,16-17).

L'imagerie est sous-tendue par l'opposition stabilité, intériorité, unité (vérité)/mouvement, extériorité, multiplicité. Cela renforce l'impression que la chambre nuptiale est un thème littéraire, une image du recueillement intérieur. Par ailleurs, le jeu de l'antithèse explique assez le mot ⲁⲅⲟⲣⲁ pour qu'il ne faille pas le faire dépendre de la citation d'Ez 16, 24 (130, 15) qui emploie d'ailleurs un mot différent (ⲡⲗⲁⲧⲉⲁ).

132,17-20. F. Wisse[45] corrige le texte qu'il suppose corrompu par le traducteur copte, de manière à comprendre «but she continually looks forward to the day he will come, since she is anxious about it, for she did not know it (i.e. the day). His look, she no longer remembers since the time she fell from her Father's house». Il y a dans ce cas allusion à la parabole des dix vierges (Mt 25, 1-13). Cependant la notion de temps ne se trouve pas à la pointe de ce passage, mais bien l'oubli de l'aspect de l'époux, dû à la chute de la maison du Père (en ce monde). C'est un lieu commun gnostique : oubli et ignorance s'équivalent. On doit

---

[42] Cf. J.-M. SEVRIN, «Les noces spirituelles dans l'Evangile selon Philippe», p. 188-191.

[43] EvPhil, § 122, 82, 17-21.

[44] Cf. ActThom, 6.

[45] «On Exegeting», p. 74.

comprendre que l'âme guette le jour; elle redoute le jour ou l'époux (les deux sens sont possibles en copte, non dans l'original grec où ἡμέρα serait féminin et νυμφίος masculin) parce qu'elle *ignore* l'aspect de l'époux, l'ayant *oublié* à cause de la chute. L'attente est le moment qui sépare l'ignorance de la connaissance; de là vient la crainte.

132,21-23. Le rêve a pour fonction de rendre l'âme capable de reconnaître son époux, malgré l'ignorance où elle se trouve. Si la venue de l'époux correspond à la démarche objective de révélation, la reconnaissance en est la phase subjective, la gnose; elle doit donc être pareillement don d'en haut. C'est pourquoi le rêve est, au même titre que la descente de l'époux, «par la volonté du Père» (cela suppose cependant que l'on supprime un des deux ⲗⲉ de 132,20-21, sous peine d'anacoluthe). Voir une utilisation analogue du rêve dans AcThom 155.

p. 132,27-133,10 : interrompt le récit et constitue un développement en forme de commentaire sur le mariage spirituel : a) opposition des deux mariages (132,27-35); b) appui par une citation de Gn 2,24b (133, 1-3); c) commentaire de la citation (133,3-9); d) citation libre à l'appui de ce commentaire (133,9-10).

a. 132,27-35. Description du mariage spirituel («ce» mariage) en anti- thèse au mariage charnel : alors que le charnel connaît le trouble du désir (ⲉⲡⲓⲑⲩⲙⲓⲁ), qui est comme un fardeau, le spirituel comble, parce qu'il réalise une union complète et définitive, donc exempte de désir. La lacune en 132,33, bien qu'elle gêne la compréhension, ne saurait guère compromettre cette interprétation.

On trouve la même opposition entre les deux mariages, avec le même usage du terme ⲉⲡⲓⲑⲩⲙⲓⲁ dans l'EvPhil § *122*, 82,2-10. Comme dans l'EvPhil, l'usage de la métaphore nuptiale appelle une mise au point, car en même temps que l'image des noces sert à décrire l'union originelle et finale de l'âme à sa contrepartie pléromatique, elle est prise dans une réalité mondaine violemment rejetée par la doctrine encratiste de l'écrit.

132,35 : «deviennent une seule vie» annonce la citation de Gn 2,24, dont elle est un décalque anticipé. «Vie» est substitué à «chair» pour la raison évidente qu'il s'agit du mariage spirituel opposé au charnel.

b. 133,1 : Gn 2, 24 est attribué au «Prophète», i.e. présenté comme parole inspirée (cf. 133,16). Cette citation, amenée par 132,35, sert à remonter de l'union finale à la syzygie originelle.

132,3-6 : cette description de l'union première de l'âme à son frère renvoie aux premières lignes du traité («auprès du Père» se trouve en 133,4 comme en 127,23). Cependant l'imagerie est traitée différemment : alors que là il s'agissait d'androgynie et de virginité, il s'agit ici de l'union de deux partenaires. Cela se comprend si ce qui prime pour l'auteur est la réalité visée par les images, plutôt que les images elles-mêmes ; la différence de situation (il s'agit ici de réunion : l'on part de la dualité et non plus de l'unité) commande un changement d'images ; en outre le texte de Gn 2, 24 reste à l'arrière plan.

133,5 : «avant que la femme n'*égare* l'homme». ϭⲱⲣⲙ signifie «perdre», «égarer», aussi bien au sens d'«être privé» que d'«induire en erreur» (dans ce dernier cas, plutôt avec ⲛ̄ⲧⲛ̄-, cf. CRUM, p 355a). S'il s'agit d'«être privé de», c'est la chute de l'âme qui est visée ; s'il s'agit d'«induire en erreur», c'est le récit du paradis, suggéré d'ailleurs par le contexte immédiat. Peut-on rapporter ainsi la séparation et la chute à la faute originelle de Gn, à l'inverse de ce que font, par exemple, les Séthiens[46]? Voir en ce sens EvPhil § *79*, 70, 20-21 ; *83-84*, 71, 20 s. ; *94*, 73, 27 ss ; noter aussi que l'ExAm use habituellement d'autres termes pour désigner la séparation de l'âme et de son époux. Il n'est donc pas impossible que ce passage reste sous la mouvance du récit de Gn.

c. 133,9 : «son seigneur naturel», cf. 133,23-24, dans le commentaire du Ps 45, 11-12. Comme le mot ⲭⲟⲉⲓⲥ est rédactionnel même dans la citation qui suit immédiatement, on peut penser que «seigneur naturel» sert de lien entre le «bien-aimé véritable» et cette pseudo-attestation biblique. Naturel signifie ici «originel» et équivaut à «véritable» (ⲙ̄ⲙⲉ) avec lequel il est en parallèle.

d. 133,9-10 : la citation est bien présentée comme tirée d'un texte écrit, ou mieux, de l'Écriture. Il peut s'agir de Gn 3, 16b très librement interprété (καὶ αὐτός σου κυριεύσει) ; cf. aussi Ep 5, 23 et surtout 1 Co 11, 3, formellement très proche de notre texte, mais qui porte κεφαλή au lieu de κύριος.

---

[46] Cf. e.a. HypArch, 89,31-91,3.

p. 133, 10-15

La reconnaissance de l'époux par l'âme, la joie et les larmes rétrospectives, la toilette de l'âme constituent un retour en arrière pour reprendre le fil du récit. Cette phrase ne dépend ni du complexe de citations et de commentaires qui précède, ni de celui qui suit. La progressivité de la reconnaissance (ϣⲏⲙ ϣⲏⲙ) indique bien qu'il ne s'agit pas de la gnose, mais seulement d'une étape préparatoire à l'union. La reconnaissance est de la même façon liée à la joie dans le mythe de la Sophia (cf. *Exc. Theod.*, 44,1). Par contre, les larmes rétrospectives et le rappel du veuvage antérieur renvoient à la doctrine du repentir développée par l'ExAm (cf. ⲁⲥⲭⲏⲙⲟⲥⲩⲛⲏ, 128,28). La toilette de l'âme paraît un élément romanesque[47].

p. 133,15-31

Nouveau bloc de citations et de commentaires : a. citation du Ps 44, 11-12 ; b. interprétation allégorique ; c. citation de Gn 12, 1b à l'appui de cette interprétation.

a. 133,15-16 : le Psaume, correctement identifié, est cependant attribué au « Prophète ».

133,16-20 : la citation est amenée en illustration à 133,14-15 : le fait que l'âme se pare davantage pour que son époux veuille demeurer auprès d'elle, appelle « car le roi a désiré ta beauté, car c'est lui ton Seigneur » (Ps 44,12) mais le v. 11 (133,16-19) introduit l'appel à oublier son peuple et la maison de son père, c'est-à-dire l'appel au repentir : cela va nécessiter un commentaire. Comment en effet comprendre que l'âme doive oublier la maison de son père, alors que le texte présente la maison[48] et la proximité du Père[49] comme le lieu premier de l'âme, qu'il lui faut réintégrer ? Ce verset emploie un vocabulaire qui fonctionne à l'envers de celui de l'ExAm (oubli, maison du Père).

b. 133,20-28 : ce verset de psaume ne peut donc être intégré qu'au prix d'une lecture allégorique qui identifie le peuple à la foule (ⲙⲏⲏϣⲉ) des amants et le « père » à un autre père, le terrestre, opposé au céleste. Le roi n'est pas le Père céleste, mais l'époux, « seigneur naturel » de l'âme.

---

[47] Cf. *Joseph et Aséneth*, 42.
[48] ExAm, 128,35 ; 137,1.10-11.
[49] ExAm, 127,23 ; 132,20-21.

Cette introduction du père terrestre est nécessaire en même temps qu'inattendue : l'ExAm en effet, hors de ce passage, ne connaît qu'un Dieu, le Père céleste, régulièrement identifié au Dieu de la Bible. Cependant en raison de son anticosmisme, de son refus de ce monde, une autre «paternité» ou «divinité» peut se profiler ici; elle n'est pas clairement présentée comme démiurge, plutôt comme une person-nification du monde; mais, à cause de son opposition quasi symé-trique au Père céleste, elle est l'indice de cette «faille dans le divin» qui caractérise le dualisme gnostique.

c. 133,28-30 : cette interprétation du Ps 44, 11 est renforcée par la citation de Gn 12, 1, où la «maison du père» désigne également la terre.

p. 133,31-134,3

Dernière séquence du récit : réunion de l'âme et de l'époux, fécon-dation, fertilité.

133,31-32 : suture, qui reprend le récit là où il avait été interrompu («après que l'âme se fut ornée»), tout en rappelant l'excursus autour du Ps 44, 11-12 («dans sa beauté»).

133,33-35 : il n'y a pas vraiment de description de l'union, mais néanmoins la mention de l'amour et du plaisir (ⲙⲉⲉⲧⲉ) mutuel des époux réunis. Après les longs préambules à l'union, qui couvrent pratiquement les p. 132 et 133, celle-ci n'est donc mentionnée qu'avec une grande sobriété.

133,35-134,3 : l'âme reçoit la semence, qui est l'esprit vivifiant[50]; ⲥⲡⲉⲣⲙⲁ n'est pas utilisé au sens, technique dans le gnosticisme, de l'esprit en tant qu'il est emprisonné en ce monde (c'est-à-dire le correspondant de ce qu'est l'âme en ExAm), mais dans un sens appelé par la logique du récit, qui décrit pas à pas l'accomplissement des noces, jusqu'à leur consommation et à la fécondation de l'épouse. Cette semence déposée dans l'âme est déchiffrée plus loin (134,9) comme le «divin», ce qui est très grec, comme d'ailleurs l'image de la fécondation divine de l'âme[51].

[50] Jn 6, 63; 2 Co, 3, 6.
[51] *C.H.*, I, 30, 17-19 et le commentaire de A.J. Festugière, *La Révélation d'Hermès Trismégiste*, III : *Les doctrines de l'âme*, p. 167-171.

Le fait que le πνεῦμα soit qualifié de ζωοποιοῦν indique déjà que les enfants de l'âme ne seront autres qu'elle-même (134,6-7) : aussi bien, il ne s'agit pas ici de transmission de la vie (le texte y est contraire par son opposition à la sexualité), mais de retour à la vie. Si les enfants sont qualifiés de «bons» (134,3), c'est en contraste avec ceux qui avaient été conçus des amants adultères (128,23-25).

p. 134,4-6

Ces lignes constituent à proprement parler la conclusion de la section du récit consacrée aux noces. Il s'agit bien de génération (ϫⲡⲟ) et non de régénération (ϫⲡⲟ ⲛ̄ⲕⲉⲥⲟⲡ) comme en 134,29 : c'est l'accomplisse-ment (ϫⲱⲕ ⲉⲃⲟⲗ) des noces, atteint «par la volonté du Père», tout comme l'époux, dès le début, descendait vers l'épouse «par la volonté du Père» (132,7-8.21-22.24). Les qualificatifs de grand (ⲛⲟϭ) et parfait (ⲧⲉⲗⲉⲓⲟⲛ) appliqués au ⲑⲁⲩⲙⲁ ⲛ̄ϫⲡⲟ indiquent que l'union, bien que suivie de la remontée dans les commentaires qui suivent, appartient à l'ordre du Plérôme (la réalité d'en haut) et constitue le terme de la remontée.

p. 134,6-135,4

Nous avons là une longue section assez disparate qui vient coiffer le récit de commentaires et, vers sa fin, fait transition avec la section parénétique.

p. 134,6-11

L'ensemble du récit (ou du moins sa seconde partie) est interprété comme une autorégénération de l'âme fécondée par le divin. Une série de glissements s'opèrent par rapport à la problématique du récit.

134,6-8 : les enfants engendrés par l'âme sont interprétés comme étant *elle-même*, et la génération comme un retour en l'état originel, c'est-à-dire comme une régénération.

134,8-9 : l'âme se meut d'*elle-même* (alors qu'elle était souillée par les amants, retournée et purifiée par le Père, de qui elle recevait un songe permettant de reconnaître son époux. Elle avait prié le Père d'être retour-née par lui : le thème même de la prière, présent tout au long de l'écrit, implique cette passivité de l'âme, qui ne peut d'elle-même réintégrer son lieu d'origine). Il y a un glissement de la passivité à l'activité et le rôle du divin se limite à la fécondation. Observer la différence d'appréciation du mouvement avec ce que l'on trouvait dans le récit (131,14-15 «l'âme court çà et là»; 132,15-16 «elle ne court plus (...) mais est demeurée»). L'autokinèse de l'âme est une doctrine platonicienne[52].

134,9 : le frère-époux est présenté comme étant le Père lui-même et la semence comme «le divin»[53] : les éléments du mythe se trouvent ainsi effacés dans une démythisation qui ramène l'histoire à un topos d'allure platonicienne, sans procéder vraiment de façon allégorique (contrairement p. ex. à 130,20-26).

p. 134,11-15

Seconde relecture du mythe, cette fois en termes strictement religieux, par quatre formules parallèles qui nomment la régénération de l'âme.

134,11-12 : la résurrection d'entre les morts est une formule chrétienne, la seule apparemment qu'atteste l'ExAm en dehors des *auctoritates* invoquées. Elle est comprise au sens gnostique : la gnose et l'union qu'elle implique sont la sortie de l'élément spirituel hors du monde de la mort[54]. Le parallélisme avec les trois autres formules est d'ailleurs significatif de cette compréhension gnostique de la résurrection, qui appartient au fonds commun du gnosticisme chrétien.

134,13 : l'emprisonnement (ⲁⲓⲭⲙⲁⲗⲱⲥⲓⲁ), parallèle ici à la condition des morts, désigne la condition de l'esprit ou de l'âme en ce monde[55]. Le salut (ⲥⲱⲧⲉ, correspondant ordinairement au grec ἀπολύτρωσις) n'a évidemment pas ici le sens rituel qu'on lui connaît chez les valentiniens

---

[52] Cf. PLATON, *Phèdre*, 245, c.e. Sur le mouvement de l'âme sous la motion divine, cf. OdgEnn, 55,34-56,1; 58,6.

[53] «Le divin»: cf. *Phèdre*, 246, d-c. Voir PLOTIN, *Enn.*, VI, 9, 9 qui exprime une idée identique à cette phrase de l'ExAm : l'âme fécondée par Dieu est ramenée au lieu de son commencement et redevient ce qu'elle était.

[54] Cette conception est bien illustrée dans EvPhil, § *21*, 56,15-20; *63*, 66, 7-23; *90*, 73,1-3 (opposition entre le sens apparent et le sens caché du mot résurrection, § *11*, 53,23-35). Voir aussi Rheg (J.É. MÉNARD, «La notion de résurrection dans l'Épître à Rhéginos», dans *Proceedings of the International Colloquium on Gnosticism: Stockholm, August 20-25, 1973*, éd. G. WIDENGREN (*Kungl. Vitterhets Historie och Antikvitets Akademiens Handlingar*. Filologiste-filosofiska Serien, 17), Stockholm, Leyde, 1977, p. 123-131).

[55] Cf. p.ex. EvPh, § *9*, 53,8-14, où l'âme est prisonnière des brigands — ⲗⲏⲥⲧⲏⲥ — § *125*, 85,25-29.

d'IRÉNÉE, *Adv. Haer.* I, 21, mais est simplement la libération ou le rachat de cette captivité.

134,14-15 : l'ascension a le ciel pour terme, comme le chemin (ascendant) aboutit au Père. La spatialisation (en haut/en bas) est classique, la localisation du Père dans le ciel appartient à l'imagerie de l'ExAm [56]. Cette interprétation imagée de la régénération est incohérente avec 134,25-27 qui place l'ascension après la régénération de l'âme. L'ensemble de cette conclusion est très disparate.

p. 134,15-27. Citation et commentaire du Ps 102,1-5

134,15-25 : la citation du Ps 102,1-5 est attribuée au «Prophète» (cf. 133,16). Elle correspond dans son ensemble au texte de la LXX, malgré quelques omissions (le v. 2b ; au v. 1 : πάντα ; au v. 4 : καὶ οἰκτιρμοῖς). En outre, au v. 2 (134,19) τὸν κύριον est changé en ΝΟΥΤΕ, mot caractéristique de la section parénétique (5 fois), absent de la section narrative (attesté seulement en 130,34, dans la partie rédactionnelle du long dossier scripturaire). Le péché (ΝΟΒΕ, 134,20) va se retrouver dans l'exhortation au repentir (135,10). Observer l'accord du parallélisme entre ΤΑΨΥΧΗ et ΝΑΠΑϹΑΝϨΟΥΝ (134,16-18) avec la doctrine de l'ExAm, particulièrement le développement sur la matrice retournée (131,19-30). Cette citation, qui a des allures de doxologie finale, est amenée par les mots-crochets ϹШΤΕ, 134,13.20 ; ΜΟΟΥΤ, 134,12 / ΜΟΥ, 134,22 ; ϷΒϷϷΕ, 134,10.25. Elle est intégrée à la conclusion du récit par le commentaire qui la suit.

134,25-27 : comme à l'ordinaire, ce commentaire mêle des éléments communs à la citation et à son contexte (les mots ϷΒϷϷΕ et ϹШΤΕ), des éléments propres à la citation seule (l'âme bénit ; elle s'élève — si du moins cette idée est suggérée par l'image de l'aigle, 134,25) et au seul récit (identification du ΧΟΕΙϹ ou ΝΟΥΤΕ comme étant le Père ; le salut est l'œuvre du frère).

p. 134,28-135,4

Cette section, ajoutée à la conclusion de la première partie de l'écrit, constitue une transition vers la section parénétique : la gratuité du salut fonde l'exhortation à la prière. Cette transition s'articule en trois parties :

---

[56] ExAm 132,7-8 ; 133,27-28.

a. le salut par la régénération (à quoi renvoie le démonstratif ⲡⲁⲉⲓ) ne s'obtient pas par des moyens humains; b. c'est une grâce; c. preuve scripturaire.

a. 134,29-32 : il est clair, en raison de l'antithèse avec ⲭⲁⲣⲓⲥ (134,32) et la citation de Jn 6, 44, que l'auteur veut exclure tout moyen par lequel l'âme pourrait s'assurer le salut; mais la liste de trois termes qu'il fournit n'est pas nécessairement exhaustive. Sont d'abord exclues comme causes de régénération les paroles d'ascèse, qui peuvent être simplement des prescriptions touchant la pratique, ou, plus précisément des recommandations ascétiques (noter qu'en grec ἀσκήσις peut avoir le sens d'étude ou, plus largement, de pratique)[57]. On voit par là que l'encratisme de l'ExAm appartient bien à un autre registre que celui de l'ascèse : celui du refus de ce monde (cf. 137,8). Dans les «techniques», il faudrait voir, plutôt que des techniques de méditation, des pratiques rituelles de type magique, dont les textes gnostiques ne sont pas toujours exempts. L'exclusion des «enseignements écrits» ne laisse pas d'être paradoxale en ce qu'elle se lit précisément dans un texte qui constitue matériellement un enseignement écrit; on n'y saurait donc voir le refus de toute doctrine, mais seulement le refus de considérer la tradition livresque comme un moyen efficace de salut. On peut songer aussi bien à des écrits ésotériques qu'à une catéchèse pré-baptismale, voire même à des textes philosophiques (moins probables toutefois à cause de la forte coloration religieuse de l'ExAm) : le texte en dit trop peu pour qu'on puisse préciser.

b. 134,32-34 : l'affirmation de la gratuité est fort mal conservée à cause des lacunes du papyrus; cependant les mots ⲭⲁⲣⲓⲥ et ⲇⲱⲣⲟⲛ ne laissent pas de doutes sur le sens général de la phrase. Il est probable que la grâce soit «du Père», dont l'initiative a été relevée tout au long du récit. Les autres conjectures sont aléatoires.

c. 134,35-135,4 : la citation de Jn 6,44 est présentée comme parole «du Sauveur»; elle est fidèle, sauf l'omission de ὁ πέμψας με et l'adjonction de ⲛ̄ϥⲛⲧ̄ϥ̄, «et ne le mène à moi»; malgré leur originalité, aucune de ces deux variantes ne semble une adaptation du texte johannique à la doctrine de l'ExAm.

p. 135,4-8

Cette phrase ouvre l'exhortation à la prière à laquelle est consacrée toute la partie finale de l'ExAm, et qui se compose de deux sections

[57] LIDDELL-SCOTT, 257; LAMPE, 244 a.

commençant chacune par «il faut» (ϣϣⲉ, cf. 136,6). Le passage au «nous», qui n'avait pas été employé dans la première partie, mais qui va l'être jusqu'à la fin, marque le clivage entre la section narrative et l'exhortation; il indique aussi en quel sens prendre la Psyché dont parle l'ExAm: si jusqu'à ce point il pouvait s'agir d'une entité mythique, à partir d'ici l'application du mythe aux âmes individuelles ne saurait faire de doute.

La prière (135,4) est appel (ⲙⲟⲩⲧⲉ ⲉϩⲣⲁⲓ ⲉ-, qui peut correspondre au grec ἐπικαλεῖν, 135,27-28, cf. 128,32). Les deux qualités demandées pour cette prière sont des lieux communs. «De toute notre âme» (135,5) se retrouve fréquemment[58]. Il est possible qu'il y ait là un sémitisme, mais le texte dans son ensemble est trop grec pour que cela aille de soi. L'expression constitue un cliché qui contredit quelque peu l'usage normal de ψⲩⲭⲏ dans l'ExAm; aussi son sens est-il aussitôt explicité par la seconde condition, «de l'esprit intérieur» opposé aux «lèvres extérieures» (135,6-7). Malgré le lieu commun rhétorique[59], la lecture gnostique est évidente: l'opposition esprit/lèvres (i.e. esprit/corps) et intérieur/extérieur l'indique bien, et la seconde a déjà été utilisée dans le traité (cf. 131,19-31). «Issu de la profondeur» (ⲃⲁⲑⲟⲥ, 135,7-8): cette profondeur désigne les abysses divines d'où l'esprit est issu (ⲡⲉⲛⲧⲁϩⲓ, au parfait), plutôt que l'extrême intériorité de celui-ci, malgré ce que le contexte immédiat pourrait suggérer et en dépit du parallèle possible avec «au fond du cœur» (136,24). Le mot et la chose sont un hapax dans l'ExAm.

p. 135,8-15

Une série de verbes au participe décrivent cette prière. La séquence («sangloter», «se repentir», «confesser», «prendre conscience», «pleurer», «se lamenter», «se détester») ne suit pas un ordre logique ou chronologique, et ne décrit pas un processus psychologique: elle présente, dans un ordre indifférent, plusieurs aspects d'une réalité unique, qui est celle du repentir (comparer avec la séquence chronologique de 131,16-18). Il est significatif que la prise de conscience du péché suive sa confession, qui elle-même vient après la *metanoia* (on aurait attendu plutôt: prise de conscience, repentir, confession). La douleur et la détestation restent l'aspect dominant. L'objet de ces participes en chaîne

---

[58] P.ex. OgdEnn, 55, 11 ss.
[59] Cf. pour l'esprit intérieur, Rm 8, 6; 1 Co 2, 10 ss. Opposition lèvres/cœur: Is 29,13; Mc 7, 6 par; cf. Ps 77, 36-37.

est : la vie menée, les péchés, l'erreur vaine, le zèle vain, l'obscurité, la tempête, nous-mêmes (dans une telle situation). La coloration morale est indéniable ; cependant, à côté *des* péchés, l'*erreur vaine*[60], le zèle vain et les métaphores de l'obscurité et de la tempête introduisent la conception gnostique du mal, lié directement à la mondanité et à l'ignorance. Observer à ce propos le flottement dans les temps : «en pleurant sur la façon dont nous étions» suggère une situation dont on est déjà retiré, à l'inverse «en nous détestant tels que nous sommes maintenant»; or les deux termes sont mis en série comme équivalents. Il semble que le texte balance entre une interprétation du mal en termes de moralité (péchés, passé) et en termes d'existence (erreur vaine, obscurité, tempête, présent) : il ne parvient ni à se dégager entièrement de l'emprise des textes bibliques qu'il cite, ni à s'aligner entièrement sur eux.

«Péchés» (ΝΟΒΕ, 134,20) est un écho à la citation du Ps 102,1-5 (134,20) et une anticipation de celle du Pseudo-Ézéchiel (135,32). La tempête (ϕΟΕΙΜ, 134,13) fait pendant à l'image des marins en haute mer (136,18-19). «Pour qu'il nous fasse miséricorde» (134,14) n'est pas étranger à la doctrine de l'ExAm, mais bien aux autres composantes de cette phrase; le mot vient à point cependant pour servir de crochet avec la citation matthéenne qui suit (135,17-18).

p. 135,16-21

Deux citations évangéliques, à nouveau attribuées au «Sauveur» appuient cette invitation à la prière repentante, en insistant sur l'application et la détestation. Remarquer, 135,16, le ΟΝ qui renvoie à la citation johannique de 135,1-4 : les trois citations sont donc proches l'une de l'autre, et celle de Jn 6, 44 appartenait donc déjà bien à l'introduction de la parénèse.

135,16-19 : la citation de Mt 5, 4(7).6 offre une forme particulière. La première partie du v. 4 est amalgamée à la seconde du v. 7, pour adapter la citation à la doctrine qu'elle doit illustrer : la variante pourrait être volontaire. Quant au v. 6, il omet καὶ διψῶντες τὴν δικαιόσυνην, en se rapprochant de la formulation de Lc 6, 21. L'insertion de ce dernier verset est inattendue, dans la mesure où rien dans le texte ne

---

[60] ΕΤϢΟΥΕΙΤ, dans les textes gnostiques, désigne les réalités illusoires de ce monde-ci opposées à celles d'en haut : ce terme convient bien à celui de ΠΛΑΝΗ et le renforce, cf. EvVer, 26, 26.

l'appelle, et où rien ne viendra le commenter. Peut-être pourrait-on y voir avec F. Wisse[61] une allusion au jeûne qui accompagnait la prière et la pénitence : il serait pris ici en signe d'affliction ; dans ce cas, l'omission de καὶ διψῶντες etc. s'expliquerait comme une correction qui permettrait à la faim de passer pour jeûne. L'hypothèse est séduisante, mais gagnerait en vraisemblance s'il y avait ailleurs dans ce texte, si prolixe d'autre part sur les larmes, une trace plus évidente d'intérêt pour le jeûne.

135,19-21 : la citation suivante s'inspire librement de Lc 14, 26, en ne retenant que la haine de soi-même. Le sémitisme « haïr son âme » est évidemment bien compris (cf. 135,14) : l'auteur n'a pas été arrêté par ce que l'expression, entendue littéralement, aurait de contradictoire avec sa propre doctrine.

p. 135,21-26

Un raisonnement en trois temps corrobore ces citations évangéliques sur l'affliction : a. la *metanoia* est le commencement du salut ; b. preuve, de type scripturaire : le précurseur du Christ a prêché un baptême de *metanoia* ; c. cette *metanoia* advient dans l'affliction.

135,22-24 : l'allusion au baptême de Jean reste assez vague[62]. Il est situé avant la « Parousie du Christ ». On peut douter que l'auteur, malgré la diversité des écrits néotestamentaires qu'il connaît et cite, soit influencé ici par le sens technique de παρουσία comme seconde venue ou venue glorieuse du Christ. A l'époque post-apostolique en effet (cf. Ignace d'Antioche, Justin), le mot peut s'entendre de la venue terrestre du Sauveur. Cependant, en raison tant de l'usage hellénistique, où le sens sacral est généralement présent, que de l'opposition entre παρογciα (Christ) et ei (Jean), il convient de comprendre cette venue comme celle d'un être céleste ; rien n'indiquant qu'il y ait une première et une seconde Parousie, elle apparaît bien être une venue définitive et complète : l'emploi du mot pourrait bien insinuer ici une christologie gnostique[63]. Il est remarquable d'une part que l'allusion au baptême ne soit pas

[61] « On Exegeting », p. 77.
[62] Cf. Mc 1, 4 ; Lc, 3, 3 ; Ac, 13, 24.
[63] Sur παρογciα, voir dans J. KITTEL, *TWNT*, V, 856-869 (Oepke). Sur la présentation de Jean-Baptiste comme précurseur de la *parousie* du Christ, cf. le fragment de papyrus du Caire (*Catalogue général des Antiquités égyptiennes du Caire* X, Oxford, 1903, no 10735) étudié et reconstruit par A. DEISSMANN, *Licht vom Osten*, Tubingue, 1923-1924, p. 368-371.

exploitée, d'autre part que ce baptême soit de *metanoia* (repentir),
ce qui contredit évidemment la doctrine de 131,14-132,2, où le baptême
est une conversion (retournement) et une purification opérées par le
Père en réponse au repentir de l'âme. Il est évident que c'est l'allusion
aux textes évangéliques qui a fait introduire ici le mot baptême, avec
un sens étranger à la doctrine baptismale de l'écrit. Il aurait pu cependant
être évité sans peine, même en conservant la référence à la prédication de Jean ; il est donc légitime de chercher si cette mention d'un
baptême de repentir n'a pas un sens plus précis pour l'auteur. On
peut considérer en effet que ce baptême prêché par Jean est opposé
à la « Parousie » du Christ à la façon d'un préalable, comme le repentir
à la conversion. La Parousie du Christ recèlerait-elle donc un autre
baptême ? Il semble en raison du contexte qu'elle recouvre l'ensemble
du processus de salut de l'âme, depuis le retournement-purification,
jusqu'à l'union (l'ensemble de ce processus est d'ailleurs la projection
étalée dans le temps d'une réalité unique, la régénération de l'âme
par le Père) ; si bien que la mention du baptême insinue que l'autre
baptême (qu'il soit purement spirituel ou possède une célébration
rituelle) est de quelque manière référé au Christ. C'est là, il faut l'avouer,
un rapprochement ténu et superficiel, qui témoigne d'une christianisation
sommaire et secondaire dans l'économie de l'écrit. Il ne vaut d'être
relevé que parce qu'il constitue une des rares traces de la pensée
christologique possible de l'écrit. Observer au passage qu'à l'inverse
de ce qui se passe dans les textes valentiniens chrétiens, le baptême
du Christ par Jean ne joue aucun rôle et doit même, en raison de la
doctrine du repentir, être positivement ignoré. On peut donc en déduire
que si la section baptismale de 131,14-132,2 admet une pratique baptismale, cette pratique (à s'en tenir au texte dans son ensemble) exclut
toute référence au baptême du Christ au Jourdain.

p. 135,26-136,15

Référence scripturaire : triple attestation prophétique, introduite par
l'affirmation de la philanthropie divine. Ces trois passages, attribués
au « Prophète » sans plus d'explication, et comme s'il s'agissait du même,
se ramènent en fait à deux : un texte du Pseudo-Ezéchiel et un texte
d'Isaïe scindé en deux. Pareille mise en série de deux textes d'auteurs
différents comme s'il s'agissait de trois textes d'un auteur unique,
semble indiquer que l'ExAm cite d'après une chaîne. La possibilité
d'identifier la citation de 135,31-134,4 avec un texte d'Is vient peut-
être d'analogies avec Is 1,18.

135,26-29 ⲙⲁⲉⲓⲣⲱⲙⲉ est une transposition copte de φιλάνθρωπος.

La philanthropie divine est un lieu commun répandu aussi bien chez Philon que chez les chrétiens[64].

135,29-31 : autrement : «il dit par l'esprit (cf. ⲡⲛⲉⲩⲙⲁⲧⲓⲕⲱⲥ, 131, 8-9 ; mais dans ce cas on attendrait ϩⲛ ⲟⲩⲡⲛⲁ) au Prophète».

135,31-136,4 : citations de 1 Clem 8, 3. Ce n'est pas 1 Clem comme tel qui fait autorité, mais bien le prophète auquel il se réfère, ainsi que l'indique la formule d'introduction[65]. Observer qu'en 136,1, la variante ϩⲛ ⲧⲉⲧⲛ̄ⲯⲩⲭⲏ ⲧⲏⲣⲥ pour ἐξ ὅλης τῆς καρδίας correspond à l'usage de l'ExAm (cf. 135,4-5,27-28 ; voir cependant aussi 136,19-20).

136,4-8 : cite Is 30, 15, en omettant significativement la fin du verset : la LXX porte καὶ γνώσῃ ποῦ ἦσθα ὅτε ἐπεποίθεις ἐπὶ τοῖς ματαίοις, ματαία ἡ ἰσχὺς ὑμῶν ἐγενήθη. La proposition temporelle «lorsque tu t'es fiée aux vanités» se rapporte ainsi non plus à ce qui suit («votre force est devenue vaine»), mais à «où tu étais». Cette transformation du texte, anodine d'apparence, montre que l'auteur garde en tête sa représentation de la chute de l'âme et égale «la foi aux vanités» à l'existence terrestre et corporelle[66].

136,9-15 : reprend le même texte d'Isaïe, trois versets plus loin : Is 30, 19-20. Les variantes d'avec le texte grec d'Isaïe ne sont pas significatives quant au sens. Remarquer la construction ⲥⲱⲧⲉ + causatif pour «faire à nouveau».

p. 136,16-27 : Nouvelle exhortation à la prière, parallèle à 135,4-15.

136,17 : la prière, cette fois, s'adresse à Dieu (ⲛⲟⲩⲧⲉ). Le geste de la prière est décrit : mains tendues vers le haut ; mais il a valeur de méta-

---

[64] P. ex. PHILON, *De Abrahamo*, 103 ; JUSTIN, *Dial.*, 107, 2 et CLÉMENT D'ALEXANDRIE, *Péd.*, 1, 9 présentent des emplois assez voisins de ce que nous avons ici.

[65] Voir sur cette citation A. GUILLAUMONT, « Une citation de l'Apocryphe d'Ézéchiel », p. 35-39. Cette hypothèse d'un Apocryphe d'Ézéchiel a été sévèrement remise en cause par B. DEHANDSCHUTTER, «L'Apocryphe d'Ézéchiel, source de l'Exégèse sur l'âme, p. 135,31-136,4?», *OrLovPer* 10 (1979) 227-235. 227-235.

[66] ⲛⲓⲡⲉⲧϣⲟⲩⲉⲓⲧ : cf. 135,11-12, mais aussi 130,26.

phore, puisque cette prière doit être continue, nuit et jour[67] ; de même
elle doit être dépourvue d'hypocrisie : «de tout cœur». L'image des
marins navigant en pleine mer (littéralement : «au milieu de la mer»)
est un lieu commun rhétorique comparable à celui de la tempête
en 135,12-13. Il ne faut pas cependant pousser le rapprochement jusqu'à
traduire comme Krause «des Meeres das schwankt» : ετπλεα rend
le grec πλεῖν, naviguer ; si on l'entend dans un sens actif, la relative a
pour sujet l'article pluriel ν de νετ?ν τμητε ; Schenke préfère garder
θαλαccα comme sujet et, dans ce cas entendre πλεα dans un sens
passif : πλεομένη[68]. C'est la navigation en pleine mer qui est en
elle-même périlleuse.

136,23-25 : allusion possible au Ps 7, 10 ; Jr 11, 20 ; 17, 10 ; Ap 2, 23.

136,25 («digne du salut») porte la marque de la rédaction et de la doctrine de l'écrit, comme 136,27-28, qui est une introduction aux attestations
homériques.

p. 136,27-137,22

Complexe d'attestations à propos des larmes et de la prière. Ce
complexe peut se décomposer ainsi :

a. deux attestations paraphrasant Homère (136,27-137,5) ; b. commentaire interprétatif (137,5-11) ; c. confirmation par deux lieux bibliques :
allusion à Israël en Egypte (137,11-15) et citation du Ps 6, 7-10 (136,
15-22).

a. Homère, identifié comme «le Poète», est cité moins scrupuleusement
que les «prophètes», mais avec une autorité qui semble égale. On saisit
ici la véritable portée des textes invoqués : ce sont des arguments
rhétoriques tirés de *topoi* chrétiens et classiques, plutôt que des textes
sacrés, malgré l'attribution des textes prophétiques au Père (135,29-31)
ou à l'Esprit-Saint (129,6-7). La première citation (136,28-35) est une
paraphrase très libre qui assemble des éléments repris de l'*Odyssée*
(I, 48 ; I, 57-59 ; IV, 555-558 ; V, 82-84), avec une forte emprise
rédactionnelle de l'auteur de l'ExAm. Aux images d'Ulysse assis,
pleurant, désirant revoir son pays et la fumée qui s'en élève, prisonnier

---

[67] Cf. Lc 2, 37 ; 18, 7 ; Ac 20, 31 ; 26, 7 ; 1 Th 3, 10 ; 1 Tm 5, 5 ; 2 Tm 1, 3 ; cf. Mc
4, 27 ; Apoc 4, 8 ; 7, 15 ; 14, 11.
[68] H. M. Schenke, «Sprachliche und exegetische Probleme», c. 8.

de Calypso et sauvé en effet par une intervention divine, — motifs dont le choix et l'organisation déjà sont porteurs d'une intention, — il ajoute l'idée de se détourner de/se tourner vers; il précise la ΒΟΗΘΕΙΑ divine; il transforme la violence des rêts de Calypso (*Od.* IV, 557-558) en tromperie : si bien que l'ensemble de cette pseudo-citation homérique parle le langage même de l'ExAm.

La seconde citation (136,35-137,5 = *Od.* IV, 261-264) est plus proche du texte, tout en restant marquée cependant par la main de notre auteur : noter ici aussi l'introduction de ἀπατᾶν. L'omission du θάλαμος étonne, après les développements sur la chambre nuptiale. Les autres variantes ne sont guère significatives et peuvent remonter à la source utilisée par l'ExAm (doxographie, transposition en prose)[69].

On connaît le rôle joué par l'image d'Hélène dans le gnosticisme, en particulier dans les notices sur Simon le Mage[70], comme aussi l'utilisation de l'*Odyssée* par les Naassènes d'Hippolyte, conjointement à des textes vétéro- et néotestamentaires[71].

b. 137,15-11 : constitue un commentaire interprétatif qui ne porte que sur la seconde citation; la première, il est vrai, est suffisamment une composition de l'auteur pour se passer de commentaire. Les paroles d'Hélène sont interprétées allégoriquement et appliquées au mythe de l'âme, qui se trouve ainsi à nouveau résumé (abandon du mari, dommage, larmes et repentir, retour), avec insistance sur le repentir; l'élément nouveau est que l'âme a abandonné son époux à cause de la tromperie d'Aphrodite «qui est dans l'engendrement de ce lieu»[72]. Faut-il entendre que l'âme est séparée de son époux parce qu'elle est engendrée en ce monde-ci (par l'acte sexuel accompli par ses parents), ou parce qu'elle se complaît dans la sexualité? La première de ces deux interprétations est plus conforme à la doctrine de l'ensemble de l'écrit, surtout de la section narrative, et entraîne de toute manière des conclusions encratistes; la seconde respecte mieux le parallèle entre Hélène et l'âme, mais rend l'âme responsable de son adultère, ce qui serait plus proche de la tendance moralisante de la parénèse. L'ambivalence de ces quelques mots montre bien le glissement du mythe à l'enseignement moral sur lequel est construit l'écrit.

---

[69] Sur la possibilité d'une source doxographique pour ces deux citations (avec plus de vraisemblance pour la seconde que pour la première) voir Madeleine SCOPELLO, «Les citations d'Homère dans le Traité de l'Exégèse de l'Âme», dans M. KRAUSE (éd.), *Gnosis and Gnosticism* (*NHS*, 8), Leyde, 1977, p. 3-13.

[70] IRÉNÉE, *Adv. Haer.*, I, 23, 2; HIPPOLYTE, *Elenchos*, VI, 19.

[71] HIPPOLYTE, *Elenchos*, V, 7, 30-41.

[72] Cf. HIPPOLYTE, *Elenchos*, V, 7, 11.

c. Des deux confirmations scripturaires, la première (137,11-16) est sans citation, mais avec une référence claire à Israël en Égypte[73]. La seconde confirmation est un extrait du Ps 6, 7-10, tout centré sur les larmes, la présence parmi les ennemis, l'exaucement divin. Traduction relativement libre : le v. 7b est abrégé, 8a omis; ϵⲙⲁⲧⲉ rajouté en 137, 16.

p. 137,22-25

La conclusion de la seconde exhortation à la prière est aussi celle de l'ensemble de l'écrit. Elle s'aticule au Ps 6, 10a par le mot-crochet ⲥⲱⲧⲙ̅ et résume l'intention de la parénèse. Elle reste, comme elle, sur le mode du «nous»; comme la seconde exhortation, elle parle de Dieu (136,17; 137,14) plutôt que de Père et elle insiste, en contraste avec le «sans hypocrisie» de 136,20, sur la vérité (ⲛⲁⲙⲉ) de la *metanoia*. La mention de Dieu, longanime et miséricordieux, amène avec beaucoup de naturel la doxologie finale (137,25-26).

---

[73] Cf. Ex 3, 7; 20, 1; Dt 5, 6. Sur le rôle symbolique de l'Égypte, voir ci-dessus, p. 95.

INDEX

L'ordre de classement retenu dans l'index copte est celui du diction-naire de Crum. Lorsque la forme type choisie par Crum n'est pas attestée dans le texte, elle est indiquée entre parenthèses.

Les variantes orthographiques ont été relevées systématiquement; lorsque plusieurs variantes orthographiques sont attestées pour un même vocable (dans l'index copte comme dans l'index grec), elles sont identifiées par un chiffre placé en exposant.

Les références correspondant à des reconstitutions sont indiquées entre crochets.

INDEX GREC

ἀγαθός bon
135,27.
ἀγαθόν bien
134,24.
ἀγορά f. place publique
132,16.
ἀγών m. combat
[130,36]; 131,9.
ἀετός m. aigle
134,25.
(αἰσθάνεσθαι) ⲁⲓⲥⲑⲁⲛⲉ, ⲣ ⲁⲓⲥⲑⲁⲛⲉ[1] percevoir
131,17[1]; 135,10.
αἰσθητόν chose sensible
130,22.
αἰχμαλωσία f. captivité
134,13.
ἀλλά mais
130,32.35; 131,11; 132,6.17.33.
34; 134,32.33; 135,6.
(ἀμήν) ϩⲁⲙⲏⲛ amen
137,26.
ἀνάβασις f. ascension
134,14.
(ἀναγκάζειν) ⲣ ⲁⲛⲁⲅⲕⲁⲍⲉ forcer
128,9.
ἀνάστασις f. résurrection
134,12.
ἀνομία f. transgression
134,20; 137,20.
ἄξιος digne
129,4; 136,25.26.
(ἀξιοῦν) ⲣ ⲁⳍⲓⲟⲩ juger digne
133,20.
(ἀπαξαπλῶς) ϩⲁⲡⲁⳍϩⲁⲡⲗⲱⲥ
bref, en un mot
127,31.

(ἀπατᾶν) ⲁⲡⲁⲧⲁ, ⲣ ⲁⲡⲁⲧⲁ[1]
tromper
128,13; 136,22; 137,2[1].
ἀπάτη f. illusion, tromperie
127,31; 136,31; 137,7.
ἄπιστος infidèle
128,5.
ἀπόστολος m. apôtre
130,28.33.
(ἄρχειν) ⲁⲣⲭⲉⲓ ⲛ-, ⲣ ⲁⲣⲭⲉⲓ ⲛ-[1]
commencer à
128,31; 132,2[1].
ἀρχή f. commencement
135,21.
ἀρχηγός m. chef, protecteur
129,21.
ἄσκησις f. exercice, ascèse
134,30.
ἀσχημοσύνη f. indécence
128,29; 133,12.
βάθος m. profondeur
135,7.
(βαπτίζεσθαι) ⲃⲁⲡⲧⲓⲍⲉ être bap-
tisé
131,29.
βάπτισμα m. baptême
132,2; 135,24.
βία f. violence
[127,30].
βίος m. vie
127,26; 135,9.
(βλάπτεσθαι) ⲣ ⲃⲗⲁⲡⲧⲉⲥⲑⲁⲓ
subir des dommages
137,9.
βοήθεια f. secours
128,19; 136,33.
(βοηθεῖν) ⲣ ⲃⲟⲏⲑⲉⲓ ⲛ- (datif)

secourir
128,33.

γάμος m. mariage
132,27.28.34; 133,6; 134,5.

γάρ car, en effet
128,21; 129,8; 131,22.23; 132,
19.27; 133,4.10.20; 134,4.34;
135,21; 136,23.26; 137,1.6.
cf. καί

δέ (particule adversative)
127,25.30; 128,12.13.17.26; 130,
21.28; 131,16.35; 132,12.22bis.
26; 133,11.15; 134,6.29; 135,25.
26; 137,10.

διὰ τοῦτο c'est pourquoi
130,5; 131,2; 134,15.34; 135,22.
29; 136,27.

δωρεά f. don
134,33.

δῶρον don
127,31.

εἰ μήτι si ce n'est que, sauf si
135,1; 137,13.

ⲉⲓⲙⲏⲧⲓ ⲁ- sinon, sauf
128,21; 130,22.

(εἴδωλον) ⲣⲉϥϣⲙϣⲉ ⲉⲓⲇⲱⲗⲟⲛ
idolâtre
131,6s.

ἐκκλησία f. église
[130,33].

(ἐνόχλησις) ⲉⲛⲱⲭⲗⲏⲥⲓⲥ f. em-
barras
132,31.

ἐξήγησις f. exégèse
127,18; 137,27.

(ἐξομολογεῖσθαι) ⲣ ⲉ϶ⲟⲙⲟⲗⲟ-
ⲅⲉⲓ confesser
135,9.

ἐπεί puisque
132,6.

ⲉⲡⲉⲓ ⲁⲣⲁ car autrement
131,7.

(ἐπιθυμεῖν) ⲉⲡⲓⲑⲩⲙⲉⲓ ⲉ- désirer
133,19; 136,31.

ἐπιθυμία, ⲉⲡⲓⲑⲩⲙⲉⲓⲁ[1] f. désir
132,31[1]; 134,23.

(ἐπικαλεῖν) ⲣ ⲉⲡⲓⲕⲁⲗⲉⲓ ⲉ϶ⲣⲁⲓ
ⲉ- invoquer
128,31.32; 135,28.

ἐπιστολή f. lettre
131,4.

ἔρημος désert, abandonné
128,18; 129,30.

ἔτι encore
136,26.

(εὐλογεῖν) ⲉⲩⲗⲟⲅⲉⲓ bénir
134,17.19.

(ἕως) ϶ⲉⲱⲥ aussi longtemps que
127,22.

ἤ ou
129,21bis; 131,6ter.

θάλασσα f. mer
136,19.

θαῦμα m. merveille
134,4.

θεῖον m. le divin
134,9.

θλῖψις f. tribulation
136,12.

(ἵνα) ϣⲓⲛⲁ pour que
133,14.

ϣⲓⲛⲁ ϫⲉ cf. ϫⲉ

καὶ γάρ car en effet, aussi bien
137,11.

κακία f. méchanceté
129,18; 130,12.

κακῶς mal (adv.)
133,27.

καπνός m. fumée
136,32.

κατά selon, chaque
132,24; 137,17.

cf. ϩε

(κηρύσσειν) κнργссε proclamer
135,23.

(κοινωνεῖν) κοινωνει, κοινω-
νι¹, ϼ κοινωνει² мn- s'unir à
128,22²; 131,14¹; 132,16.28²;
133,34²s.

κοινωνία f. union
132,29.

κόκκος m. écarlate
135,34.

(κοσμεῖν) κοсмει, ϼ κοсмει¹
orner
132,26; 133,14.[32]¹.

κοσμοκράτωρ m. maître du monde
131,11.

κόσμος m. monde
131,5.8.

(κρίνειν) ϼ κρινε juger
129,3.

κωφός sourd
128,24.

λαός m. peuple
133,18.21; 135,31; 136,3.

λῃστής m. brigand
127,27.

(λόγος) † λογος n- rendre
compte à, confesser
128,35.

(λυπεῖν) λγπει s'attrister
136,29.

λύπη f. tristesse
135,25.

μακάριος heureux
135,16.18

μέν (particule adversative)
127,23.29; 131,13; 132,10.

μερικόν m. particularité
131,21.

(μετανοεῖν) мετανοει, ϼ мετα-
νοει¹ se repentir
128,7; 131,18; 137,10¹.23¹.
мετανοει εϫn- se repentir de
128,30; 135,8¹.

μετάνοια f. repentir
135,21.24.25.

μή (particule interrogative)
129,10.11.16.

μήτρα f. matrice
127,22; 131,20.23.24.27.

μοιχεία f. adultère
129,27.

μοιχός m. amant adultère
128,5.8.24; 133,22.

νυμφών m. chambre nuptiale
132,26.

(ὁδός) ϩολος f. chemin
134,15.

(ὀνομασία) † ονομαсιλ ε- dé-
nommer
127,19.

ὄντως réellement
127,21.

(ὁπότε) ϩοποτε après que
128,4.

(ὅταν) ϩοταν lorsque
127,25; 128,26; 129,2.8; 131,
16; 136,6; 137,5.

οὐ cf. πάντως

οὐδέ ni
128,19; 134,31bis.

οὐκέτι ne ... plus
128,12; 132,15.19.

πάθος passion
128,29.

πάλιν de nouveau
128,7; 129,1.22; 130,11; 131,20;
133,6.[33]; 135,15.19; 136,4.8.
35.36; 137,15.

(πάντως) ογ παντωc nullement
131,5.

(παραγγέλλειν) παραγγειλε annoncer
130,29.

παρθένος vierge
127,24.

μντπαρθενοc f. virginité
127,32s; 129,22.

παρθενών m. chambre de vierge
129,1.

παρουσία f. venue, parousie
135,22.

(πάσχειν) παсχα souffrir
131,15.

(πείθειν) πειθε persuader
127,30.

(πενθεῖν) πενθει, ρ πενθει[1]
se lamenter, être affligé
135,13[1].17.

(πλανᾶν) ρ πλανα égarer
136,15bis.

πλάνη f. erreur
135,10; 136,27.

(πλατεῖα) πλατεα f. avenue
130,15.

(πλεῖν) πλεα naviguer
136,19.

(πλεονέκτης) πλεονϩεκτηс
cupide
131,6.

πνεῦμα, πν̄ᾱ[1] m. esprit
129,7[1]; 134,1[1].[34[1]]; 135,6.30[1].

(πνευματικός) πνεγματικον,
πνεγματικη[1] spirituel
131,12; [134,33][1].

πνευματικῶς spirituellement
131,9.

ποιητής m. poète
136,28.

πονηρία f. mal
131,12.

πορνεία, πορνια[1] f. prostitution
128,30; 129,6[1].17[1].26[1].33; 130,
18[1].28[1].31[1].36[1]; 131,1[1]; 132,
10[1].

(πορνεῖον) πορνιον maison de
prostitution
130,13.15.

(πορνεύειν) πορνεγε, ρ πορνεγε[1]
128,1; 129.12.15.34[1]; 130,1.19.

πόρνος prostituée, fornicateur
131,4.5 corr.

προσεύχεσθαι, ρ προсεγχεсθαι[1] prier
136,16[1].21.

(προσέχειν) ρ προсεχε α- être
attentif à
133,23.

(προφητεύειν) προφητεγε prophétiser
129,6.

προφήτης m. prophète
129,8.23; 133,1.16; 134,16; 135,
30.

σαρκικός charnel
132,28.

σαρκικόν réalité charnelle
130,22.

σάρξ f. chair
130,20.21; 131,10; 133,3.

σοφός m. sage
127,19.

σπέρμα m. semence
134,1.

σπουδή f. zèle
135,11.

(συγγένεια) cγNΓεNειλ f. parenté
133,30.

σῶμα m. corps
127,26; 128,1; 130,27.31; 131,1.
23.24.

σωτήρ m. Sauveur
130,29; 134,35; 135,16.

τέλειος, τελειοN¹ parfait
134,4¹; 137,7.

τέχνη f. technique
134,31.

(τιμᾶν) τιμλ honorer
128,15.

(τολμᾶν) τολμλ oser
128,12.

τόπος m. lieu
130,14; 136,27.

τότε alors
127,26; 128,6; 129,3; 131,19;
132,2.9.23; 136,7; 137,8.

(ὑβριστής) ϩγβριcτHc insolent
[127,27]; 128,5.

(ὑπόκρισις) ϩγποκριcιc f. hypocrisie
136,20.21.

(φλύαρος) φλοιλριλ f. vanité
130,26.

φυσικός naturel
133,8.24.

φυσικόν m. organe sexuel
131,26; 132,1.

φύσις f. nature
127,21.

χάρις f. grâce
134,32.

χήρα f. veuve
128,18.

μNτχHρλ f. veuvage
133,13.

(χρᾶν) χρω N- (datif), ρ χρω
N-¹ (datif) user de, prendre
127,29; 128,6¹.

χρόνος m. temps
128,14.

ψαλμός m. psaume
133,16; 137,15.

ψυχή f. âme
127,18.20;129,6;130,23.32;131,
1.13.21.25.27.35; 133,7.31; 134,
6.8.16.18.28; 135,5.20.27; 136,
1; 137,6.27.

(ὡς) ϩωc comme
129,20.21.
cf. εϣχε

(ὥστε) ϩωcτε en sorte que
134,5; 136,16.

INDEX DES NOMS PROPRES

INDEX COPTE

ⲁⲙⲟⲩ, pl. ⲁⲙⲏⲉⲓⲧⲛ[1] viens, venez
129,23[1]; 133,29.

(ⲁⲛⲁⲓ) ⲣ ⲉⲛ⸗ plaire
133,14s.

ⲁⲛⲟⲕ moi
129,25; 130,6; 135,3 corr.

ⲛⲧⲟ f. toi
129,12.

ⲛⲧⲟϥ m. lui, particule adversative : tandis que, par contre, et
131,25; 133,20.27.[34].

ⲛⲧⲟⲥ f. elle
128,17.

ⲛⲧⲟⲟⲩ eux
128,13; 135,17.

(ⲁⲥ) ⲣ ⲁⲥ vieillir
137,18.

ⲁⲩⲱ et
127,24.27; 128,1.2.3.7.16.23.24s.
25.30.31.36; 129,9.12.13.15.18.
25.27.29.31.34; 130,7.14.15.16.
17.18.22.26; 131,18.29.[33].34;
132,30.32; 133,7.11.14.25.30.34
bis; 134,9.17; 135,3.11.27.28.33.
34.[35]; 136,2.7.11.12.23.29.32.
33; 137,4.21.24.

ⲁϣ ⲛ- quel?
132,18.

(ⲁϩⲟⲙ) ⲁϣⲉϩⲟⲙ, ⲉϣⲉϩⲟⲙ[1]
sangloter
128,6.28s[1].[33]; 135,8[1]; 136,6[1];
137,1.9.13s[1].

ⲁϣⲉϩⲟⲙ m. sanglot
137,16.

ⲃⲱⲕ aller
128,17; 129,9s.

ⲃⲱⲕ ⲉ- arriver à
137,1.

ⲃⲱⲕ ⲉϩⲣⲁⲓ monter, s'élever
134,14.15.26.

ⲃⲁⲗ m. œil
129,14; 136,15.

(ⲃⲱⲗ) ⲙⲡⲃⲟⲗ dehors, à l'extérieur
131,27.

ⲉⲃⲟⲗ ⲛ- à cause de
128,12.

(ⲛⲥⲁⲃⲏⲗ) ⲥⲁⲃⲏⲗ ⲭⲉ- sauf si,
à moins de
(136,33).

ⲡⲥⲁ ⲛⲃⲟⲗ l'extérieur
130,26; 131,20.25.30; 135,6.

cf. ⲉⲓⲛⲉ, ⲕⲱ, ⲙⲧⲟ, ⲛⲟⲩ,
ⲡⲱⲣⲭ, ⲡⲱⲧ, ⲥⲱⲧ, ⲥⲟⲟϩⲉ,
ϣⲕⲁⲕ, ϩⲛ-

ⲃⲱⲗⲕ ⲉ- s'irriter contre
132,3.

ⲃⲁⲕⲉ f. colère
132,5.

(ⲃⲗⲗⲉ) pl. ⲃⲗⲗⲁⲁⲩ (variante
nouvelle) aveugles
128,25.

(ⲃⲣⲣⲉ) ⲙⲛⲧⲃⲣⲣⲉ f. nouveauté
[131,35].

ⲣ ⲃⲣⲣⲉ (se) renouveler
132,12; 134,10.24s.

(ⲉⲕⲓⲃⲉ) ⲕⲓⲃⲉ f. sein
129,28.

ⲉⲙⲁⲧⲉ cf. ⲙⲁⲧⲉ

(ⲉⲛⲉϩ) ϣⲁ ⲛⲓⲉⲛⲉϩ ⲛⲉⲛⲉϩ pour
les siècles des siècles
137,25s.

(ⲉⲣⲏⲩ) ⲛⲟⲩⲉⲣⲏⲩ l'un l'autre, les

uns les autres
127,28; 132,29.33.[35]; 133,4.7.

ⲉⲧⲃⲉ- au sujet de, à cause de
127,18; 130,36; 133,2; 137,7.27.

ⲉⲧⲃⲉ ⲡⲁⲉⲓ c'est pourquoi
[130,32]; 133,1.

ⲉⲟⲟⲩ m. gloire
137,25.

ⲉϣⲱⲡⲉ cf. ϣⲱⲡⲉ

(ⲉϣⲭⲉ) ϩⲱⲥ ⲉϣⲭⲉ comme si
128,15.

(ⲏⲓ) ⲏⲉⲓ m. maison
128,36; 129,5; 132,21; 133,18.
25.31; 137,1.10s.13.

ⲣⲙⲛⲏⲉⲓ m. familier
129,21.

ⲏⲣⲡ m. vin
130,4.25.

ⲉⲓ, ⲓ¹ venir
135,23¹.

ⲉⲓ ⲉ- venir dans
127,26¹.

ⲉⲓ ⲉϫⲛ- venir sur
129,5¹.

ⲉⲓ ϣⲁ- venir jusqu'à
135,1.

ⲉⲓ ⲉⲃⲟⲗ ϩⲛ- sortir, être produit par
131,8; 134,30; 135,7¹.

ⲉⲓ ⲉⲡⲓⲧⲛ ϣⲁ-, ⲉⲓ ⲁⲡⲓⲧⲛ ϣⲁ- descendre vers
132,9s.25.

ⲉⲓⲃⲉ m. soif
[129,32].

ⲉⲓⲙⲉ savoir
136,7.

ⲉⲓⲙⲉ ⲉ- savoir
136,25.

(ⲉⲓⲛⲉ) ⲛ-, ⲛⲧ⸗¹ porter, mener
ⲉⲓⲛⲉ ⲛ- mener à
135,2¹.

ⲉⲓⲛⲉ ⲉⲃⲟⲗ enlever
[131,33s].

ⲉⲓⲛⲉ ⲉⲃⲟⲗ ⲛ- enlever de
137,3¹.

ⲉⲓⲛⲉ ⲉⲃⲟⲗ ϩⲛ- emmener hors de
137,12¹.

ⲉⲓⲛⲉ m. aspect, ressemblance
127,25; 132,19.

(ⲉⲓⲣⲉ) ⲁⲁ⸗, ⲁ⸗¹, ⲟ⁺², ⲟⲉⲓ⁺³, ⲉⲣⲓ-⁴ faire, rendre, être
128,25².31; 129,4¹.30¹.31¹; 130, 20²; 134,17⁴.19⁴; 135,9; 136,26³.

ⲡ- cf. ⲁⲛⲁⲓ, ⲁⲥ, ⲃⲣⲣⲉ, ⲙⲉⲉⲩⲉ, ⲱⲃϣ, ϩⲱⲃ, ϩⲁⲗ, ϩⲟⲧⲉ, αἰσθά- νεσθαι, ἀναγκάζειν, ἀξιοῦν, ἀπατᾶν, ἄρχειν, βαπτίζεσθαι, βλάπτεσθαι, βοηθεῖν, ἐξομο- λογεῖσθαι, ἐπικαλεῖν, κοινω- νεῖν, κοσμεῖν, κρίνειν, μετα- νοεῖν, πενθεῖν, πλανᾶν, πορ- νεύειν, προσεύχεσθαι, προσέ- χειν, χρᾶν.

ⲉⲓⲥ ϩⲏⲏⲧⲉ voici
128,35; 130,5.

ⲉⲓⲱⲧ m. père
127,23; 128,26s.35; 129,21; 131, 18.19.28; 132,7.21.22.24; 133,4. 19.25.27.31; 134,6.9.15.26.[32]; 135,2.4.26; 136,3.

(ⲉⲓⲧⲛ) ⲡⲥⲁ ⲙⲡⲓⲧⲛ en bas
136,24.

ⲉⲡⲓⲧⲛ en bas cf. ⲉⲓ, ϩⲉ, ϭⲱϣⲧ

ⲕⲉ, pl. ⲕⲟⲟⲩⲉ¹ autre
127,30¹; 128,9¹; 130,26; 131,24.

ⲕⲉ- aussi
131,2; 136,35.

cf. ⲙⲁ, ⲥⲟⲡ, ⲟⲩⲁ

(ⲕⲟⲩⲓ) ⲙⲛⲧⲕⲟⲩⲉⲓ f. jeunesse
134,24.

ⲕⲱ, ⲕⲁⲁ⸗¹ laisser

129,28¹.

ⲕⲱ ⲛⲥⲁ- abandonner, quitter
128,13¹.17¹.[36]; 129,5; 132,10.
31; 137,4¹.6.

ⲕⲱ ⲉⲃⲟⲗ remettre, pardonner
134,19s.

(ⲕⲱⲕ) ⲕⲁⲕ⁺ ⲁϨⲏⲩ être nu
129,28.

ⲕⲁⲕⲉ m. obscurité
131,12; 135,13.

(ⲕⲗⲟⲙ) ϯ ⲕⲗⲟⲙ ⲉ϶ⲛ- couronner
134,22.

ⲕⲓⲙ se mouvoir
134,8.

(ⲕⲙⲟⲙ) ⲕⲏⲙ⁺ être noir
135,35.

ⲕⲱⲧ construire
130,13.15.

ⲕⲱⲧⲉ, ⲕⲟⲧ꓿¹ être tourné
131,25.

ⲕⲱⲧⲉ ⲉ- se tourner vers, retourner vers
129,10¹; 130,9¹; 132,5¹.

ⲕⲱⲧⲉ ϣⲁ- se tourner vers
129,13¹; 135,35s¹.

ⲙⲡⲕⲱⲧⲉ ⲛ- concernant
130,27.

ⲕⲧⲟ, ⲕⲧⲉ-¹, ⲕⲧⲟ꓿² retourner,
se retourner, se convertir
132,1²; 136,6².36².

ⲕⲧⲟ ⲉ- retourner dans
[136,34]².

ⲕⲧⲟ ⲉⲃⲟⲗ ⲛ- détourner de
128,7s¹; 133,21¹; 136,29s.

ⲕⲧⲟ ⲉⲃⲟⲗ Ϩⲛ- détourner de
131,19s.

ⲕⲧⲟ ⲉϨⲟⲩⲛ tourner à l'intérieur
131,21².

ⲕⲧⲟ ⲉϨⲟⲩⲛ ⲉ- ramener vers
137,10².

cf. ⲧⲁⲕⲧⲟ

ⲕⲁϨ m. terre
129,17.30; 130,23; 133,26.29;
[135,33]; 137,12.

(ⲗⲱⲱⲙⲉ) ⲗⲱⲱⲙ être taché
[131,32].

(ⲗⲱⲱⲙⲉ) ⲗⲁⲁⲙ (variante
nouvelle) f. tache
131,33s.

ⲗⲁⲁⲩ + négation : rien
128,21.

ⲙⲛ ⲗⲁⲁⲩ personne
135,1; 136,25.

(ⲗⲟϫⲗϫ) ⲣⲙⲛⲗⲁϫⲗⲉϫ débile
128,25.

ⲗⲱⲭϨ m. oppression
136,13; 137,14.

ⲙⲁ m. lieu
129,7; 130,24; 134,10; 137,8.

ⲕⲉⲙⲁ, ⲛⲕⲉⲙⲁ¹ ailleurs
136,4.9¹.

ⲙⲁ ⲛ- cf. ⲛⲕⲟⲧⲕ, ϣⲉⲗⲉⲉⲧ

ⲙⲉ, ⲙⲉⲣⲉⲓⲧ꓿¹ aimer
130,1; 132,23; 133,34¹; 136,26.

(ⲙⲉⲣⲓⲧ) ⲙⲉⲣⲉⲓⲧ m. bien-aimé
133,8.33.

ⲙⲁⲉⲓ cf. ⲣⲱⲙⲉ

ⲙⲉ f. vérité
[134,33].

ⲙⲉ véritable
132,15.

ⲛⲁⲙⲉ en vérité, vraiment
133,8; 137,23.

ⲣⲙⲙⲙⲉ véritable, honnête
128,15.

(ⲙⲟⲩ) ⲙⲟⲟⲩⲧ⁺ être mort
134,12.

ⲙⲟⲩ m. mort
134,22.

ⲙⲟⲩⲉ f. île

136,29.

ⲙⲕⲁ ⲏ̄ m. affliction
128,20.

ⲙⲕⲁ ⲏ̄ ⲛ̄ⲏⲧ m. affliction
135,26.

ⲙⲟⲕ ⲏ̄ⲥ f. affliction, souffrance
129,4; 131,17.

(ⲙⲙⲛ-)ⲙⲛ-, ⲙⲛⲧⲁ=[1] il n'y a pas,
sans
128,20[1]; 129,30.

ⲙⲛ- ⲙⲙⲁⲩ il n'y a pas
128,19[1].
cf. ⲗⲁⲁⲩ

ⲙⲛ- avec
128,29; 129,13.19; 130,1.19;
131,5 corr.
cf. ⲧⲱ ⲏ̄, ⲱ̄ⲱⲡⲉ, ⲏ̄ⲁⲛ, κοινωνεῖν

ⲙⲛ-, ⲙⲛⲛ-[1] et
128,29; 129,18; 130,3 ter.4 ter.
23; 131,12; 133,2.18.22.30; 134,
27; 135,13.26; 136,13[1].17.31;
137,17.

(ⲙⲓⲛⲉ) ⲛ̄ⲧⲉⲉⲓⲙⲓⲛⲉ tel
130,34.

ⲙ̄ⲡⲱ̄ⲁ ⲉ- mériter de, mériter
d'être …
131,16.

ⲙⲓⲥⲉ accoucher
132,3.

ⲱ̄ⲟⲣⲡ ⲙ̄ⲙⲓⲥⲉ m. premier né
132,9.

ⲙⲟⲥⲧⲉ, ⲙⲉⲥⲧⲉ-[1] haïr
135,14.20[1].

(ⲙⲁⲧⲉ) ⲙⲉⲉⲧⲉ ⲉ- se complaire
133,33.

(ⲙⲁⲧⲉ) ⲉⲙⲁⲧⲉ beaucoup
128,7.16; 137,16.

(ⲙⲏⲧⲉ) ⲏ̄ⲛ ⲧⲙⲏⲧⲉ ⲛ̄- au milieu
de, entre

129,27; 136,18.

ⲏ̄ⲛ ⲧⲙⲏⲧⲉ + possessif: au
milieu de
133,23.

ⲙⲟⲩⲧⲉ ⲉ ⲏ̄ⲣⲁⲓ̈ ⲉ- appeler quelqu'un
129,20; 135,4s.

(ⲙⲧⲟ) ⲙ̄ⲡⲙⲧⲟ ⲉⲃⲟⲗ + possessif:
devant
129,26.

(ⲙⲁⲩ) ⲙ̄ⲙⲁⲩ là
134,11.

ⲉⲧⲙ̄ⲙⲁⲩ celui-là
129,12; 130,2.10; 132,27.30.
cf. ⲙⲙⲛ-, ⳗⲓ

ⲙⲁⲁⲩ f. mère
129,24.33.

ⲙⲟⲟⲩ m. eau
[129,31]; 130,3; [131,32s]; 136,
13.

ⲙⲉⲉⲩⲉ ⳓⲉ penser que
128,3; 130,27.

ⲣ̄ ⲡⲙⲉⲉⲩⲉ se souvenir
132,20; 133,12.27.

ⲙⲏⲏⳡⲉ m. foule
133,22.

ⲙⲟⲩⳡⲧ examiner
136,24.

(ⲙⲟⲩ ⲏ̄) ⲙⲁ ⲏ̄= ⲛ̄- remplir de
132,13.

ⲙⲁ ⲏ̄ⲧ m. entrailles
131,24.

(ⲙⲁⲁ ⳓⲉ) ⲣⲓⲕⲉ ⲙ̄ⲡⲙⲁⲁ ⳓⲉ +
possessif: tendre l'oreille
133,17.

ⲙⲁⲁ ⳓⲉ f. mesure
128,19.

ⲛⲁ ⲛ̄- avoir pitiée de, faire misé-
corde
129,4.32; 131,19; 135,14.17; 136,

129,14¹; 130,12¹.

ⲡⲉϫⲉ- ϫⲉ

129,7¹; 130,11¹; 131,3¹; 133, 1s¹.15¹; 134,16; 135,16¹.19¹. 30¹; 136,9¹.

ⲣⲓⲕⲉ cf. ⲙⲁⲁϫⲉ

ⲣⲓⲙⲉ pleurer
133,11; 136,10.29.

ⲣⲓⲙⲉ ⲉϩⲣⲁⲓ ⲉ- se tourner vers quelqu'un en pleurant
131,18.

ⲣⲓⲙⲉ ⲛ- pleurer sur
135,12; 137,14.

ⲣⲓⲙⲉ m. larme
136,9.11; 137,21.

(ⲣⲙⲉⲓⲏ) ⲣⲙⲙⲉⲓⲏ f. larmes
137,18.

ⲣⲱⲙⲉ m. homme
133,2.

ⲙⲁⲉⲓⲣⲱⲙⲉ philanthrope
135,26.

ⲣⲙ- cf. ⲏⲓ, ⲙⲉ, ϣⲉⲗⲉⲉⲧ, ϩⲏⲧ

ⲣⲉϥ- cf. ⲧⲱⲣⲡ, ⲉⲓⲇⲱⲗⲟⲛ

ⲣⲁⲛ m. nom
127,20; [128,32]; 134,18.

ⲣⲣⲟ m. roi
133,19.24.

ⲣⲁⲥⲟⲩ cf. ⲡⲱⲱⲣⲉ

ⲣⲁϣⲉ se réjouir
133,11.

ⲥⲁ ⲛ- cf. ⲃⲱⲗ, ⲉⲓⲧⲛ, ⲡⲉ, ϩⲟⲩⲛ

ⲛⲥⲁ- cf. ⲕⲱ, ⲡⲱⲧ, ⲟⲩⲱϩ, ϣⲓⲛⲉ, ϭⲱϣⲧ

ⲙⲛⲛⲥⲁ après
130,12.

(ⲥⲁ) ⲥⲁⲉⲓⲉ m. beauté
133,19.

ⲥⲁⲉⲓⲉ beau
130,14; 137,5.

ⲙⲛⲧⲥⲁⲉⲓⲉ f. beauté
130,16; 133,32.

ⲥⲉⲓ, ⲥⲓ¹ être rassasié
135,19.

ⲥⲉⲓ ⲛ- être comblé par
132,29¹.

(ⲥⲁⲃⲉ) ⲥⲃⲱ f. enseignement
134,31.

(ⲥⲟⲃⲧⲉ) ⲥⲃⲧⲱⲧ⁺ être prêt
132,26.

ⲥⲱⲕ attirer
135,2.

ⲥⲙⲏ f. voix
136,10.

ⲥⲙⲟⲩ ⲉ- bénir
134,26.

ⲥⲙⲟⲧ m. forme, disposition
129,3.

ⲥⲟⲛ m. frère
132,8; 133,6; 134,27.

(ⲥⲁⲁⲛϣ) ⲥⲁⲛⲟⲩϣ⸗ nourrir
134,3.

ⲥⲛⲟϥ m. sang
131,10.

(ⲥⲟⲡ) ⲛⲕⲉⲥⲟⲡ de nouveau
132,1; 134,29.

ϩⲛ ⲕⲉⲥⲟⲡ de nouveau
133,11.

ⲥⲟⲡⲥ m. prière
137,22.

ⲥⲡⲟⲧⲟⲩ m. lèvres
135,5.

ⲥⲱⲣⲙ égarer
133,5.

(ⲥⲱⲧ) ⲥⲱⲧⲉ ⲉ- + négation : ne plus recommencer à (+ verbe)
136,13.

ⲥⲱⲧ ⲉⲃⲟⲗ écarter
130,17.

ⲥⲱⲧⲉ ⲉⲃⲟⲗ ϩⲛ- sauver de
134,21.

ⲥⲱⲧⲉ m. rachat
134,13.

(ⲥⲧⲟⲓ) ⲥϯⲛⲟⲩϥⲉ m. parfum
132,13.

ⲥⲱⲧⲙ écouter, entendre
133,16; 135,27; 136,3.11; 137,
21.22.23.

ⲥⲟⲟⲩⲛ, ⲥⲟⲩⲱⲛ=[1] connaître
132,19; 133,10[1].

ⲥⲟⲟⲩⲧⲛ m. droiture
129,15.

(ⲥⲱⲟⲩϩ) ⲥⲟⲟⲩϩ= ⲉϩⲟⲩⲛ ⲉ-
unir à
133,7.

(ⲥⲟⲟϩⲉ) ⲥⲁϩⲉ- ⲉⲃⲟⲗ ⲛ- s'éloi-
gner de
137,19.

ⲥϩⲁⲓ, ⲥⲏϩ=[+1] écrire, être écrit
130,33; 131,2; 133,9[1].

ⲥϩⲁⲓ ϩⲛ- écrire dans, être écrit
dans
129,22[1]; 131,3; 136,27[1]; 137,
15[1].

ⲥϩⲁⲓ m. écrit
134,32.

ⲥϩⲓⲙⲉ, ϩⲓⲙⲉ[1], pl. ϩⲓⲟⲙⲉ[2] f.
femme
127,20.21; 129,9[1].12.24[1]; 131,
22[2]; 132,6.23[2]; 133,2.5.10.
cf. ϩⲟⲟⲩⲧ

ϯ, ⲧⲁⲁ=[1] donner
128,22[1]; 130,2; 136,12.

ϯ ⲛⲧⲟⲟⲧ= livrer à
128,2[1].4[1].

cf. ⲕⲗⲟⲙ, ⲟⲩⲱ, ϣⲓⲡⲉ, λόγος,
ὀνομασία

(ⲧⲃⲃⲟ) ⲧⲟⲩⲃⲟ, ⲧⲟⲩⲃⲉ-[1],
ⲧⲟⲩⲃⲟ=[2] purifier

131,34; 132,13[2].

ⲧⲟⲩⲃⲟ ⲉ- purifier de
130,30[1]; 131,30; 132,11[2].

ⲧⲟⲩⲃⲟ m. purification
131,34.

(ⲧⲁⲕⲟ) ⲧⲉⲕⲟ détruire
130,16.

(ⲧⲁⲕⲧⲟ) ⲧⲕⲧⲟ= faire se tourner,
retourner
131,33.

ⲧⲕⲧⲟ= ⲉ- tourner vers
131,28.

ⲧⲕⲧⲟ= ϣⲁ- tourner vers
129,2.

(ⲧⲁⲗⲟ) ⲧⲉⲗⲟ= ⲉ- mettre dans,
mettre à
131,32.

ⲧⲁⲗϭⲟ guérir
134,20.

(ⲧⲁⲙⲓⲟ) ⲧⲁⲙⲉⲓⲟ fabriquer, pré-
parer
130,14.

ϯⲙⲉ m. village
136,32.35; 137,3.

ⲧⲱⲙⲧ ⲉ- rencontrer
131,14.

ⲧⲱⲛ où?
129,16; 136,7.

(ⲧⲛⲛⲟⲩ) ⲧⲛⲛⲁⲩ ⲛ-, (datif) envoyer à
132,7; 135,28.

(ⲧⲁⲛϩⲟ) ⲧⲛϩⲟ vivifier
134,2.

ⲧⲏⲣ= tout
128,16.34; 134,18.20.21; 135,5;
136,2.20; 137,19.

(ⲧⲱⲣⲉ) (ⲉⲧⲛ-) ⲉⲧⲟⲟⲧ=,
ⲁⲧⲟⲟⲧ= aux mains de
cf. ⲛⲟⲩϫⲉ, ϩⲉ

135,11¹.12¹.25 ; 137,8¹.

ϣⲱⲡⲉ ϩⲣⲁⲓ̈ ϩⲛ- se produire
dans
130,35.

ϣⲱⲡⲉ ϩⲁⲧⲛ- être auprès de
133,26.

ⲉϣⲱⲡⲉ si
137,22.

ϣⲏⲣⲉ m., ϣⲉⲉⲣⲉ¹ f. fils, fille
129,32.33.[34] ; 130,19.21 ; 132,
4.7 ; 133,17¹ ; 134,2 ; 135,31.

ϣⲣⲟⲩⲟⲟⲧⲥ f. fille unique
137,3.

ⲁⲧϣⲏⲣⲉ stérile
129,31.

(ϣⲱⲣⲡ) ϣⲟⲣⲡ premier, première
132,1.11 ; 133,2bis.13 ; 134,8.

ⲛϣⲟⲣⲡ d'abord, auparavant
133,4.23 ; 137,12.

ϫⲓⲛ ϣⲟⲣⲡ à l'origine, premier
130,9 ; 134,11.

cf. ⲙⲓⲥⲉ

ϣⲱⲥ m. berger
129,13.18.

(ϣⲱⲧⲙ) ϣⲧⲁⲙ enfermer
130,6.

ϣⲧⲏⲛ f. vêtement
130,3 ; [131,31].

(ϣⲁⲩ) ⲣ ϣⲁⲩ falloir, être utile
130,9s.

ⲣ ϣⲁⲩ ⲛ- être utile à
130,5.28.

(ϣⲟⲩⲟ) ϣⲟⲩⲉⲓⲧ⁺ vain
135,10.12.

ⲡⲉⲧϣⲟⲩⲉⲓⲧ m. vanité
136,8.

ϣϣⲉ ⲉ- (+ verbe) il convient,
il faut
134,6 ; 135,4 ; 136,16.

ϣⲁϫⲉ parler

131,8.

ϣⲁϫⲉ ⲉ- parler de
130,31.

ϣⲁϫⲉ m. parole
134,30 ; 136,30.

ϥⲓ ϩⲛ- enlever de
129,27.

ϥⲓ ⲉϩⲣⲁⲓ̈ ⲉ- lever vers
129,14.

ϥⲓ ⲙⲙⲁⲩ ⲛ- enlever de
129,26.

ϩⲁ- cf. ϣⲱⲡⲉ

(ϩⲁⲉ) ϩⲁⲏ f. fin
128,16.

ϩⲁⲉ dernier
135,3.

ϩⲁⲓ̈, ϩⲁⲉⲓ¹ m. mari
128,4¹.14¹ ; 129,9¹.25¹ ; 130,9¹ ;
133,10 ; 137,4¹.6.

ϩⲉ, ϩⲁⲉⲓⲉ¹ (variante nouvelle)
tomber

ϩⲉ ⲁⲧⲟⲟⲧ⸗ tomber aux mains
de
127,26¹s.

ϩⲉ ⲉⲃⲟⲗ ϩⲛ- tomber de
132,20.

ϩⲉ ⲉⲡⲓⲧⲛ ⲉ- tomber dans
127,25¹.

ϩⲉ f. façon
134,7 ; 135,12.

ⲧⲁⲉⲓ ⲧⲉ ⲑⲉ, ⲧⲉⲉⲓ ⲧⲉ ⲑⲉ¹
c'est ainsi que
131,8 ; 133,28¹.31 ; 134,28.

ⲛⲑⲉ ⲛ- comme
128,11.14 ; 129,29.30 ; 131,22.24.
26.31 ; 132,3.22.28.30 ; 134,25 ;
135,34 ; 136,3.18.

ⲛⲑⲉ comme, tel que
135,15.

136,2¹; 137,14.

cf. ⲃⲱⲕ, ⲙⲟⲩⲧⲉ, ⲡⲱⲣ̅ⲝ, ⲣⲓⲙⲉ, ⲯⲓ, ⲍ̅ⲛ, ἐπικαλεῖν

(ⲍ̅ⲣⲟ ⲩⲱ) ⲍ̅ⲁⲣ ⲩ̅ⲍ̅ⲏⲧ longanime
137,24.

(ⲍ̅ⲁⲣⲉ ⲍ̅) ⲁⲣⲉ ⲍ̅ ⲉⲣⲟ= ⲉ- se garder de
130,30.

ⲍ̅ⲓⲥⲉ peiner
137,16.

ⲍ̅ⲏⲧ m. cœur, esprit
128,26.33; 136,20.24.[36].

ⲣⲙ̅ⲛ̅ⲍ̅ⲏⲧ sage
137,5.

ⲍ̅ⲁ ⲍ̅ⲧⲛ- auprès de
127,23; 133,4.

cf. ⲙⲕⲁ ⲍ̅, ⲍ̅ⲣⲟ ⲩ̅

(ⲍ̅ⲟⲧⲉ) ⲣ ⲍ̅ⲟⲧⲉ ⲍ̅ⲏⲧ= redouter, avoir peur de
132,18.

(ⲍ̅ⲱⲧⲣ) ⲍ̅ⲟⲧⲣ⁺ ⲉ- être uni à
133,3s.

ⲍ̅ⲱⲧⲣ ⲉ ⲍ̅ⲟⲩⲛ ⲉ- s'unir à
133,8.

ⲍ̅ⲱⲧⲣ m. union
132,34.

(ⲍ̅ⲏⲩ) ϭⲛ ⲍ̅ⲏⲩ ⲛ̅ⲧⲛ- tirer profit de
128,20s.

ⲍ̅ⲟⲟⲩ m. jour
129,29; 130,10; 131,13; 132,18; 135,3s; 136,8.17.

(ⲍ̅ⲟⲩⲟ) ⲛ̅ⲍ̅ⲟⲩⲟ davantage
130,32; 133,14.

ⲛ̅ⲍ̅ⲟⲩⲟ ⲉ- plus que
130,10; 135,35.

ⲍ̅ⲟⲟⲩⲧ m. homme, mâle
131,26; 132,8.23; 133,5.

ⲍ̅ⲟⲩⲧⲥ̅ ⲍ̅ⲓⲙⲉ androgyne
127,24.

ⲍ̅ⲁ ⲍ̅ nombreux, beaucoup
127,27; 129,6.13.18; 130,12.

ⲭⲉ- que, car, pour que, parce que
128,35.[36]; 129,4.5.15.23.24.32.33; 130,1.6.9.13.29; 131,4.9; 132,18; 133,9.19.20; 135,1.17.18; 136,7.10.21.28; 137,13.16.20.

cf. ⲃⲱⲗ, ⲙⲉⲉⲩⲉ, ⲡⲉⲭⲉ-, ⲭⲱ

ⲩ̅ⲓⲛⲁ ⲭⲉ- afin que
130,34.

ⲭⲓ, ⲭⲓ-¹, ⲭⲓⲧ=² prendre, recevoir
129,10¹.18¹; 130,25¹ter; 131,16².21.35¹; 134,10².

ⲭⲓ ⲛ̅ⲧⲛ- recevoir de
130,24¹; 134,9¹.

ⲭⲓ ⲉⲃⲟⲗ ⲍ̅ⲛ- recevoir de
136,33s.

ⲭⲓ ⲉⲃⲟⲗ ⲍ̅ⲓⲧⲛ- recevoir de
135,35s.

ⲭⲱ, ⲭⲟⲟ=¹ dire
131,10¹.

ⲭⲱ ⲭⲉ- dire, dire que
128,34; 130,1¹.8¹; 133,28¹; 135,31¹s; 136,2¹.4ss.35; 137,2.

(ⲭⲱ=) ⲉ ⲭⲛ- sur, au sujet de
129,5; 130,18.

cf. ⲉⲓ, ⲕⲗⲟⲙ, ⲱ ⲯ̅ⲉ, μετανοεῖν

ⲍ̅ⲓ ⲭⲛ- sur
128,11.

ⲭⲱⲕ ⲉⲃⲟⲗ être accompli
134,5.

ⲭⲱⲕⲙ baigner, laver
137,16.

ⲭⲉⲕⲁⲁⲥ afin de, pour que
134,10; 135,14.

ⲭⲓⲛ- depuis
[135,33].

cf. ⲟⲩⲛⲟⲩ, ⲟⲩⲟⲉⲓ ⲩ̅, ⲩⲱⲣ̅ⲡ

ⲭⲡⲟ, ⲭⲡⲉ-¹, ⲭⲡⲟ=² engendrer
128,23²; 129,29²; 132,4¹.6¹;

134,2.7[2].

ϫⲡⲟ m. génération
134,5.29; 137,8.

(ϫⲱⲣⲡ) ϫⲣⲟⲡ m. chute, obstacle
129,18.

ϫⲟⲉⲓⲥ m. seigneur, maître
128,11; 129,14; 130,13; 133,9.
20.25; 134,17; 136,5.12; 137,20.
22.

ϫⲱϩⲙ, ϫⲟϩⲙ⸗[1] (se) souiller
127,[29].32[1]; 129,11.17; 130,24;
131,15.

ϫⲱϩⲙ m. souillure
128,22; 129,11; 131,30; 132,11.

ϫⲁϫⲉ m./f. ennemi
137,18.

-ϭⲉ donc, or
129,6; 131,27; 132,23; 134,8.26;
135,4.

ϭⲱ continuer
132,17.

ϭⲱ ϩⲁⲧⲛ- demeurer auprès de
133,15.

(ϭⲗⲱⲧ) ϭⲗⲁⲧⲉ m./f. reins

136,23.

(ϭⲱⲗϫ) ϭⲟⲗϫ⸗ ⲛ- s'enlacer à
128,3.

ϭⲗⲟϭ m. lit
137,17.

(ϭⲟⲙ) ⲙⲛ ϭⲟⲙ il n'est pas possible
132,6.

ϣϭⲙϭⲟⲙ pouvoir
130,6.

(ϭⲓⲛⲉ) ϭⲛⲧ⸗ trouver
130,8.

ϭⲛ-, ϭⲙ- cf. ϣⲓⲛⲉ, ϩⲏⲩ, ϭⲟⲙ

ϭⲟⲟⲩⲛⲉ f. toile de sac
[135,35].

ϭⲱϣⲧ, ϭⲟϣⲧ⁺[1] regarder

ϭⲱϣⲧ ⲉⲡⲓⲧⲛ ⲉϫⲛ- abaisser
son regard sur
128,27s.

ϭⲱϣⲧ ⲛⲥⲁ- examiner, sonder
136,23.

ϭⲱϣⲧ ⲉⲃⲟⲗ ϩⲏⲧ⸗ guetter
132,14.17[1].

ϭⲓϫ f. main
136,18.

TABLE DES MATIÈRES

ORIENTALISTE, P.B. 41, B-3000 Leuven